여러분의 합격을 응원하는
해커스군무원의 특별 혜택

JN362969

FREE 군무원 국어 특강

해커스군무원(army.Hackers.com) 접속 후 로그인 ▶
상단의 [무료특강 → 군무원 무료특강] 또는 [무료특강 → 교재 무료특강] 클릭하여 이용

해커스 매일국어 어플 이용권

PZUVXKUOK7859EJG

구글 플레이스토어/애플 앱스토어에서 [해커스 매일국어] 검색 ▶
어플 다운로드 ▶ 어플 이용 시 노출되는 쿠폰 입력란 클릭 ▶
쿠폰번호 입력 후 이용

▲ 어플 다운로드

* 등록 후 30일간 사용 가능(ID당 1회에 한해 등록 가능)
* 해당 자료는 [해커스공무원 국어 기본서] 교재 내용으로 제공되는 자료로, 군무원 시험 대비에도 도움이 되는 유용한 자료입니다.

해커스군무원 온라인 단과강의 20% 할인쿠폰

6A64D5FD3B66F000

해커스군무원(army.Hackers.com) 접속 후 로그인 ▶ 상단의 [나의 정보] 클릭 ▶
[나의 쿠폰] 클릭 ▶ 위 쿠폰번호 입력 후 이용

* 등록 후 7일간 사용 가능(ID당 1회에 한해 등록 가능)

쿠폰 이용 관련 문의 **1588-4055**

단기 합격을 위한 해커스군무원 커리큘럼

입문
탄탄한 기본기와 핵심 개념 완성!
누구나 이해하기 쉬운 개념 설명과 풍부한 예시로 부담없이 쌩기초 다지기
TIP 베이스가 있다면 **기본 단계**부터!

▼

기본+심화
필수 개념 학습으로 이론 완성!
반드시 알아야 할 기본 개념과 문제풀이 전략을 학습하고
심화 개념 학습으로 고득점을 위한 응용력 다지기

▼

기출+예상 문제풀이
문제풀이로 집중 학습하고 실력 업그레이드!
기출문제의 유형과 출제 의도를 이해하고 최신 출제 경향을 반영한
예상문제를 풀어보며 본인의 취약영역을 파악 및 보완하기

▼

동형모의고사
동형모의고사로 실전력 강화!
실제 시험과 같은 형태의 실전모의고사를 풀어보며 실전감각 극대화

▼

마무리
시험 직전 실전 시뮬레이션!
각 과목별 시험에 출제되는 내용들을 최종 점검하며 실전 완성

PASS

* 커리큘럼 및 세부 일정은 상이할 수 있으며, 자세한 사항은 해커스군무원 사이트에서 확인하세요.

단계별 교재 확인 및 수강신청은 여기서!
army.Hackers.com

해커스군무원

신민숙
쉬운국어

문법·어휘
한 권으로 끝

해커스

차례

신민숙 쉬운국어 문법·어휘
한 권으로 끝만의 장점! 4

신민숙 쉬운국어 문법·어휘
한 권으로 끝만의 특별한 구성! 5

I 현대 문법

01 언어의 본질 8
02 국어의 특질 10
03 음운과 음절 13
04 국어의 음운 체계 14
05 음운의 변동 17
06 품사의 구분 24
07 문장 성분 46
08 단어의 형성 49
09 형태소 57
10 문장의 짜임 58
11 높임 표현 61
12 부정 표현과 시간 표현 63
13 피동 표현과 사동 표현 64
14 단어 간의 의미 관계 67
15 의미의 변화 68
16 어휘의 분류 69

학습 점검 문제 72

II 국어 규범

17 한글 맞춤법: 소리에 관한 것   82
18 한글 맞춤법: 형태에 관한 것   85
19 한글 맞춤법: 띄어쓰기   98
20 한글 맞춤법: 문장 부호   106
21 표준어 사정 원칙
    : 발음 변화에 따른 표준어 규정   111
22 표준어 사정 원칙
    : 단수·복수·별도 표준어   119
23 <표준국어대사전> 개정 사항   124
24 외래어 표기법: 표기의 기본 원칙   127
25 외래어 표기법
    : 유의해야 할 외래어 표기   128
26 국어의 로마자 표기법: 자모의 표기   136
27 국어의 로마자 표기법: 표기상의 유의점   137
28 올바른 문장 표현   138
29 표준 언어 예절   154

학습 점검 문제   164

III 어휘

30 한자 성어 ①   176
31 한자 성어 ②   177
32 혼동하기 쉬운 한자어   178
33 꼭 알아야 할 한자어   179
34 표기상 틀리기 쉬운 어휘 ①   180
35 표기상 틀리기 쉬운 어휘 ②   181
36 혼동하기 쉬운 어휘 ①   182
37 혼동하기 쉬운 어휘 ②   184
38 혼동하기 쉬운 어휘 ③   186
39 고유어   188
40 관용 표현   190

신민숙 쉬운국어 **문법·어휘 한 권으로 끝** 만의 장점!

1 군무원 국어 시험의 **최근 12개년 출제경향 완벽 반영!**
2025년 9급 시험을 포함하여 최근 12개년(2025~2014년) 군무원 국어 기출 문제를 철저히 분석하였으며, 최신 출제 경향을 반영했습니다.

2 **시험에 꼭 나오는 문법 이론만 선별**하여 수록!
방대하고 복잡한 문법 이론을 압축하여 쉽게 이해할 수 있도록 일목요연하게 제시함으로써 문법 학습 시간을 경제적으로 줄여 줍니다.

3 기본 이론부터 보충·심화 이론까지 **단계별로 학습한 후** 단답형 문제로 **학습 내용 점검!**
기본 이론을 학습한 뒤, '민숙쌤의 개념 PLUS'를 통해 추가로 알아두면 좋은 개념까지 확실히 정리할 수 있으며, '심화 PLUS'를 통해 어려운 개념까지 학습하면서 고난도 문제까지 대비할 수 있습니다. 이론 학습을 마치고, '학습 점검 문제'를 풀며 주요 문법 이론을 빠르게 점검할 수 있습니다.

4 실제 시험에 출제되었던 주요 **핵심 어휘를 선별**하여 수록!
최근 군무원 시험의 어휘 영역을 분석한 결과, 실제 시험에 자주 출제되어 또 나올 것으로 예상되는 '한자 성어, 한자어, 표기상 틀리기 쉬운 어휘, 혼동하기 쉬운 어휘, 고유어, 관용 표현'을 수록하였습니다.

5 본 교재 **인강 할인 쿠폰 제공!**
신민숙 선생님의 쉬운 국어 강의를 병행한다면, 군무원 문법 이론과 어휘를 더 쉽고 빠르게 암기하고 효율적으로 학습할 수 있습니다.

신민숙 쉬운국어 **문법·어휘 한 권으로 끝** 만의 **특별한 구성!**

✓ 교재의 구성 요소

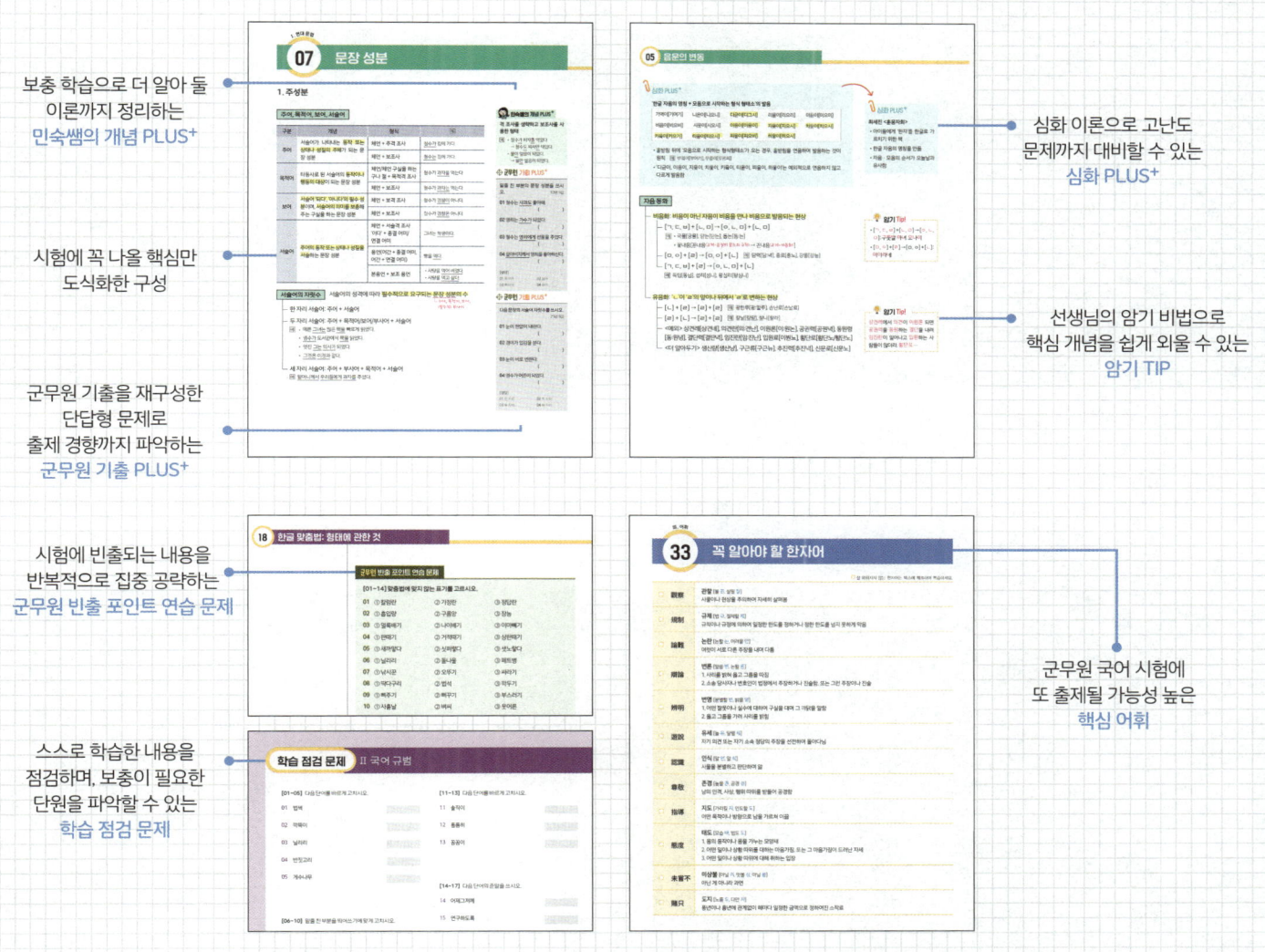

- 보충 학습으로 더 알아 둘 이론까지 정리하는 **민숙쌤의 개념 PLUS⁺**
- 시험에 꼭 나올 핵심만 도식화한 구성
- 군무원 기출을 재구성한 단답형 문제로 출제 경향까지 파악하는 **군무원 기출 PLUS⁺**
- 시험에 빈출되는 내용을 반복적으로 집중 공략하는 **군무원 빈출 포인트 연습 문제**
- 스스로 학습한 내용을 점검하며, 보충이 필요한 단원을 파악할 수 있는 **학습 점검 문제**
- 심화 이론으로 고난도 문제까지 대비할 수 있는 **심화 PLUS⁺**
- 선생님의 암기 비법으로 핵심 개념을 쉽게 외울 수 있는 **암기 TIP**
- 군무원 국어 시험에 또 출제될 가능성 높은 **핵심 어휘**

✓ 알아두면 편리한 학습 요소

☆☆	검정 글자	형광펜	분홍 글자
빈출도	기본 내용	반드시 학습해야 하는 내용	부연 설명

군무원 시험 전문 해커스군무원
army.Hackers.com

해커스군무원 신민숙 쉬운국어 **문법·어휘 한 권으로 끝**

I 현대 문법

01 언어의 본질

1. 언어의 특징

기호성 어떤 것을 기록한다는 뜻으로, 언어가 **기호로써 나타난다는 성질**
예 음성: [강] → 음운: ㄱ, ㅏ, ㅇ

자의성 언어의 의미(내용, 대상, 말하려는 바)와 말소리(형식, 소리) 사이에는 **필연적인 관계가 없음**
예 꽃 – 한국어: 꽃[꼳], 영어: flower[플라워]
처음 언어가 만들어질 때는 '자의성', 만들어진 이후에는 '사회성(사회적 약속)'

사회성 언어는 **사회적 약속**으로 굳어진 것이므로 개인이 임의로 바꿀 수 없음

역사성 언어가 **시간의 흐름에 따라 변화하는 성질**. 언어는 시간이 지나면서 생성, 발전, 소멸함
예 • 얼굴: 의미 축소(몸 전체 > 안면(顔面), 낯)
   • 영감: 의미 확대(정삼품과 종이품의 벼슬아치 > 나이 많은 남자)
   • 어리다: 의미 이동(어리석다[愚] > 나이가 적다[幼])

분절성 언어는 **음운, 형태소, 단어 등으로 나누어지거나 결합**할 수 있음
└ 언어는 외부 세계를 반영할 때, 있는 그대로를 반영하지 않고 **연속적으로 이루어져 있는 세계를 불연속적인 것처럼 끊어서 표현함**
예 무지개 색깔(빨, 주, 노, 초, 파, 남, 보) — 실제 무지개는 색깔 사이의 경계가 분명하지 않다. 그러나 우리는 무지개 색깔을 일곱 가지로 분절하여 표현한다.

추상성 구체적 대상에서 **공통적인 요소를 뽑아 일반적인 개념으로 파악**하는 것(추상화 과정) 예 진달래, 개나리, 목련 → 꽃

규칙성 언어에는 **일정한 규칙인 문법이 있음**
예 동생이(주어) 밥을(목적어) 먹는다(서술어). → 국어는 '주어 – 목적어 – 서술어'의 어순을 지닌다.

창조성 전에 없던 것을 처음으로 만드는 성질. 상황에 따라 **새로운 말을 만들 수 있음**
예 ㄱ, ㅁ: 가무, 가뭄, 구문……

> **민숙쌤의 개념 PLUS⁺**
> **언어의 자의성과 사회성의 관계**
> 언어가 형성될 때는 '자의성'이 적용되며, 언어가 소통될 때는 '사회성'이 적용됨
> 예 '사람의 팔목 끝에 달린 부분'이라는 의미와 '손'이라는 말소리가 결합한 것은 자의적이지만, 그 말이 사람들 사이에서 사용될 때는 사회적 성격을 띠므로 개인이 임의로 바꿀 수 없다.

2. 언어의 기능

정보 전달 및 정보 보존의 기능 | 어떤 사실이나 정보, 지식을 화자가 청자에게 전달하는 기능
└ 언어는 어떠한 사실이나 지식, 정보를 여러 형태의 보존 방법을 이용해 오랫동안 보존할 수 있음
  예) 언어는 사회적 약속이다. / '독도'의 신라시대 명칭은 '우산도'이다.

표출적 기능 | 표현 의도나 듣는 사람과 관계없이 화자의 무의식적인 본능에서 나오는 반응을 소리로 나타내는 기능 예) 에구머니나! / 으악! / 어이쿠!

명령적 기능(감화적 기능, 지령적 기능) ─ 요청, 요구, 부탁도 포함됨
├ 청자를 향한 명령이나 요청의 표현   예) 창문을 열어라.
│   └ 요청의 의미가 포함되면 '명령적 기능'
├ 가장 직접적인 형태는 명령형이지만, 청유형, 평서형으로도 나타남
│   예) 이제 밥을 먹자.(청유형) / 이곳은 애완견의 출입을 금합니다.(평서형)
│   └ 요청의 의미가 있으므로 '정보 전달의 기능' ✕
└ 표어, 광고문, 선거 연설, 교통 표지
   예) 음주는 간암의 원인이 됩니다(표어) / 서울 시민은 교통 법규를 준수합니다(표어)

친교적 기능(사교적 기능) | 화자와 청자 간의 친교 수단이 되며, 인사말과 날씨에 대한 이야기가 대표적임
  예) 안녕하세요? / (폭우를 보면서) "날씨가 참 사납네요."

미학적 기능 | 언어를 예술적 재료로 사용하는 문학에서 주로 나타남
  예) 아우의 얼굴은 슬픈 그림이다. → 비유의 사용

관어적 기능
├ 언어와 언어가 서로 관계를 맺고 있음을 보여 주는 기능
└ 이 기능으로 새로운 말을 배움으로써 지식을 증진시키고 체계화할 수 있음
   예) "영어의 'mother'는 우리말 '어머니'와 같다."

표현적 기능 ─ 감정, 생각
├ 화자에 초점이 맞추어진 기능
└ 화자는 현실 세계에 대한 자신의 판단 및 다른 섬세한 감정 등을 언어로 표현함
   예) • 이 영화가 참 재미있다. → 지시 대상에 대한 화자의 태도 표현
       • 영수는 발표 준비를 하지 않은 것 같다. → 자신의 판단에 대한 표현

I. 현대 문법

02 국어의 특질

1. 국어의 형태상 특질

첨가어(교착어) 조사, 어미 등 문법적인 기능을 가진 요소가 실질적인 의미를 가진 단어나 어간에 차례로 결합함으로써, 문장 속에서 문법적인 역할이나 관계의 차이를 나타내는 언어
예 철수가 책을 읽었다.
　　　　　　　　└ 과거 시제 선어말 어미

2. 국어의 음운상 특질

음운 대립 예사소리, 된소리, 거센소리의 음운 대립이 존재함
예 ㄱ, ㄲ, ㅋ / ㄷ, ㄸ, ㅌ / ㅂ, ㅃ, ㅍ / ㅈ, ㅉ, ㅊ

마찰음의 수 국어의 마찰음은 'ㅅ, ㅆ, ㅎ'으로, 다른 언어에 비해 많지 않음

음절의 끝소리 규칙 음절의 끝에서는 기본적으로 'ㄱ, ㄴ, ㄷ, ㄹ, ㅁ, ㅂ, ㅇ' 7 자음만을 발음함 예 밭[받], 잎[입]

두음 법칙 한자어에서 단어의 첫소리에 'ㄴ, ㄹ' 소리가 오지 못하는 현상
예 녀자(女子)(×) → 여자(○), 로인(老人)(×) → 노인(○)

모음 조화 현상
- 두 음절 이상의 단어에서 'ㅏ, ㅗ' 등의 양성 모음은 양성 모음끼리, 'ㅓ, ㅜ' 등의 음성 모음은 음성 모음끼리 결합하려는 현상
  - 잡- + -아(양성 모음)
  - 먹- + -어(음성 모음)
- 중세 국어 때부터 존재하였으며, 현대 국어에는 용언의 어간과 어미의 결합, 음성 상징어(의성어, 의태어) 등에 남아 있으나 모음 조화가 지켜지지 않는 것들이 더 많음
  └ 퐁당퐁당(양성 모음) / 풍덩풍덩(음성 모음)

3. 국어의 어휘상 특질

삼중 체계
- 고유어
  - 감각어의 발달
    - 색채어 [예] 빨갛다, 불그스름하다, 불그레하다, 불긋불긋하다
    - 미각어 [예] 쌉싸름하다, 씁쓸하다, 씁쓰름하다
    - 촉각어 [예] 따스하다, 뜨끈하다, 뜨뜻하다
  - 상징어의 발달: 소리, 동작, 형태를 모사(模寫)하는 의성어, 의태어와 같은 음성 상징어가 발달함 [예] 멍멍, 탕탕, 아장아장, 엉금엉금
- 한자어: 중국의 한자를 기반으로 만들어진 단어로, 고유어가 표현하지 못하는 빈자리를 대신함 [예] 감기(感氣), 식구(食口), 생신(生辰), 학교(學校)
- 외래어: 한자어 외에 다른 언어권에서 들어와서 국어의 일부로 인정되는 단어들로, 해방 이후 서양에서 들어온 외래어가 큰 비중을 차지하고 있음
  [예] 버스, 텔레비전, 인터넷, 커피

친족 관계어 발달 혈연을 중시하는 문화의 영향으로 친족 관계를 나타내는 어휘가 세분화되고 발달함
  [예] aunt(영어) - 큰어머니, 작은어머니, 이모, 고모(한국어)

높임 어휘 발달 상하 관계를 중시하던 사회 구조의 영향으로 높임 어휘가 발달함
  [예] 생일 - 생신, 집 - 댁, 밥 - 진지, 먹다 - 들다 / 잡수다 - 잡수시다

02 국어의 특질

4. 국어의 문법상 특질

형태적 특질

- 단어 형성법 발달
  - **합성법** 발달 　예) 뛰놀다: '뛰- + 놀-'(어근 + 어근 합성법) ─ 실질적 의미
  - **파생법** 발달 　예) 풋고추: '풋- + 고추'(접사 + 어근 파생법)
- 단위성 의존 명사의 발달: 국어에는 **수효**나 **분량** 따위를 나타내는 **의존 명사가 다양하게 발달함**
  　예) 북어 한 쾌(20마리), 오징어 한 축(20마리)

통사적 특질

- '주어 - 목적어 - 서술어'의 어순: 국어의 문장은 대체로 '주어 - 목적어 - 서술어' 순으로 나타나지만 **조사의 발달로 인해 어순이 비교적 자유로운 편**
  　예) 나는 밥을 먹는다. → 밥을 먹는다, 나는.(의미가 변하지 않음)
- **수식어가 피수식어 앞에 위치**: 국어의 문장에서는 수식어가 대개 피수식어 앞에 온다. ─ 꾸미는 말 　─ 꾸밈을 받는 말
  　예) 영희는 예쁜 꽃을 샀다. → '예쁜'은 '꽃'을 꾸며 주는 말(수식어)로, '꽃'(피수식어) 앞에 위치한다.
- 높임법의 발달
  - 주체 높임: 문장의 **주체(주어)**를 높이는 표현으로, **주격 조사 '께서'**, **선어말 어미 '-(으)시-'**, **특수 어휘** 등을 통해서 실현
  - 객체 높임: 서술의 **객체(문장의 목적어나 부사어)**를 높이는 표현으로, '**드리다, 여쭙다, 뵙다**' 등의 어휘를 통해 실현
  - 상대 높임: 화자가 **청자**를 높이거나 낮추는 표현으로, 주로 **종결 어미**를 통해 실현
- 주어와 목적어의 중복: 문장에서 주어와 목적어가 중복되어 나타날 수 있음
  　예) • 코끼리가 코가 길다. → 주어 중복
  　　　• 지현이가 그 책을 두 권을 더 달라고 하였다. → 목적어 중복

03 음운과 음절

1. 음운

음운 말의 뜻을 구별해 주는 기능을 가진 소리의 가장 작은 단위
- 예 • 말[말]/발[발]/살[살]
  • 발[발]/벌[벌]/볼[볼]/불[불]
- 분절 음운
  - 자음(19개): ㄱ ㄴ ㄷ ㄹ ㅁ ㅂ ㅅ ㅇ ㅈ ㅊ ㅋ ㅌ ㅍ ㅎ ㄲ ㄸ ㅃ ㅆ ㅉ
  - 모음(21개)
    - 단모음(10개): ㅏ ㅐ ㅓ ㅔ ㅗ ㅚ ㅜ ㅟ ㅡ ㅣ
    - 이중 모음(11개): ㅑ ㅒ ㅕ ㅖ ㅘ ㅙ ㅛ ㅝ ㅞ ㅠ ㅢ
- 비분절 음운: 소리의 길이, 높이, 세기, 억양
  - 예 눈[眼]/눈ː[雪], 말[馬]/말ː[言], 밤[夜]/밤ː[栗], 성인(成人)/성ː인(聖人)

민숙쌤의 개념 PLUS⁺

음향과 음성
- 음향: 자연에 존재하는 소리
- 음성: 인간의 발음 기관을 통해 만들어진 소리

암기 Tip!
눈이 눈ː을 보네
말이 말ː을 하네
밤에 밤ː을 먹네

2. 음절

음절 한 번에 소리 낼 수 있는 소리의 덩어리(최소 발음 단위)로, 우리말을 발음 나는 대로 적었을 때 한 글자가 하나의 음절임
- 예 [날씨가말가서조타](날씨가 맑아서 좋다.)

예	발음	음운 수	음절 수	예	발음	음운 수	음절 수
잡히다	[자피다]	1)	2)	국화	[구콰]	3)	4)
이야기	[이야기]	5)	6)	밝은	[발근]	7)	8)
좋고	[조코]	9)	10)	값	[갑]	11)	12)

답 1) 6   2) 3   3) 4   4) 2   5) 4   6) 3
    7) 6   8) 2   9) 4   10) 2   11) 3   12) 1

04 국어의 음운 체계

1. 자음과 모음

자음(19개) 목청을 통과한 공기의 흐름이 막히거나 구강 통로가 좁아져 목이나 입안에서 **장애를 받고 나오는 소리**

조음 방법에 따른 분류

파열음	공기의 흐름을 일단 막았다가, 터뜨리면서 내는 소리	예 ㅂ, ㄷ, ㄱ
파찰음	파열음과 마찰음의 두 가지 성질을 모두 가지는 소리	예 ㅈ, ㅉ, ㅊ
마찰음	공기를 틈 사이로 내보내 마찰을 일으키면서 내는 소리	예 ㅅ, ㅎ
비음	코로 공기를 내보내면서 내는 소리	예 ㅁ, ㄴ, ㅇ
유음	공기를 그 양옆으로 흘려 내보내면서 내는 소리	예 ㄹ

조음 위치에 따른 분류

입술소리(순음)	두 입술 사이	예 ㅂ, ㅃ, ㅍ, ㅁ
혀끝소리(설단음, 치조음)	혀끝과 윗니의 뒷부분 / 윗잇몸	예 ㄷ, ㄸ, ㅌ, ㅅ, ㅆ, ㄴ, ㄹ
센입천장소리(경구개음)	혓바닥과 센입천장 사이	예 ㅈ, ㅉ, ㅊ
여린입천장소리(연구개음)	혀의 뒷부분과 여린입천장 사이	예 ㄱ, ㄲ, ㅋ, ㅇ
목청소리(후음)	목청 사이에서 나는 소리	예 ㅎ

국어의 자음 체계

조음 방법			조음 위치	입술소리 (순음)	혀끝소리 (설단음, 치조음)	센입천장소리 (경구개음)	여린입천장소리 (연구개음)	목청소리 (후음)
안울림소리	파열음		예사소리	ㅂ	ㄷ		ㄱ	
			된소리	ㅃ	ㄸ		ㄲ	
			거센소리	ㅍ	ㅌ		ㅋ	
	파찰음		예사소리			ㅈ		
			된소리			ㅉ		
			거센소리			ㅊ		
	마찰음		예사소리		ㅅ			ㅎ
			된소리		ㅆ			
울림소리			비음	ㅁ	ㄴ		ㅇ	
			유음		ㄹ			

민숙쌤의 개념 PLUS⁺

자모의 사전 등재 순서

- 자음: ㄱ, ㄲ, ㄴ, ㄷ, ㄸ, ㄹ, ㅁ, ㅂ, ㅃ, ㅅ, ㅆ, ㅇ, ㅈ, ㅉ, ㅊ, ㅋ, ㅌ, ㅍ, ㅎ
- 모음: ㅏ, ㅐ, ㅑ, ㅒ, ㅓ, ㅔ, ㅕ, ㅖ, ㅗ, ㅘ, ㅙ, ㅚ, ㅛ, ㅜ, ㅝ, ㅞ, ㅟ, ㅠ, ㅡ, ㅢ, ㅣ

암기 Tip!

바닷조개 ㅎ
만날 이

모음(21개) 허파에서 나오는 공기가 장애를 받지 않고 순조롭게 나오는 소리

단모음(10개)

혀의 앞뒤	앞(전설 모음)		뒤(후설 모음)	
혀의 높이 \ 입술 모양	평순모음	원순모음	평순모음	원순모음
고모음	ㅣ	ㅟ	ㅡ	ㅜ
중모음	ㅔ	ㅚ	ㅓ	ㅗ
저모음	ㅐ		ㅏ	

이중 모음(11개): 발음할 때 입술이나 혀가 움직이는 모음으로, 반모음과 단모음이 결합하여 이루어짐 - ㅑ, ㅒ, ㅕ, ㅖ, ㅘ, ㅙ, ㅛ, ㅝ, ㅞ, ㅠ, ㅢ

반모음: 음성의 성질을 보면 모음과 비슷하지만 반드시 다른 모음에 붙어야 발음될 수 있는, 홀로 쓰이지 못하는 모음
- [j]계: ㅑ, ㅕ, ㅛ, ㅠ, ㅒ, ㅖ, ㅢ
- [w]계: ㅘ, ㅝ, ㅙ, ㅞ

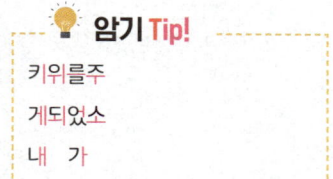

암기 Tip!
키위를주
게되었소
내 가

04 국어의 음운 체계

🧑‍🏫 민숙쌤의 개념 PLUS⁺

주의해야 할 모음의 발음

- 'ㅚ' 발음

구분	발음	예
ㅚ	[ㅚ/ㅞ]	외삼촌[외:삼촌/웨:삼촌]

> **심화 PLUS⁺**
>
> 'ㅚ, ㅟ'의 발음
>
> 'ㅚ, ㅟ'는 단모음이지만 [ㅚ, ㅟ]로 발음되는 경우, 이중 모음 발음도 허용됨

- '져, 쪄, 쳐'의 발음: [저, 쩌, 처]로 발음함

구분	발음	예
져	[저]	졌어[저써]
쪄	[쩌]	쪘어[쩌써]
쳐	[처]	쳤어[처써]

- 'ㅖ'의 발음: '예, 례' 이외의 'ㅖ'는 [ㅖ]/[ㅔ]로 발음함

| • 계산[계:산/게:산] | 예별[예별/에별] | 폐품[폐:품/페:품] | 혜택[혜:택/헤:택] |
| • 예절[예절] | 차례[차례] | | |

- 'ㅢ'의 발음: 자음을 첫소리로 가지고 있는 음절의 'ㅢ'는 [ㅣ]로 발음함

| 희망[히망] | 하늬바람[하니바람] | 귀띔[귀띔] | 닁큼[닝큼] |

- '의'의 발음

구분	발음	예
첫음절에 쓰이는 경우	[의]	의자[의자]
첫음절 이외에 쓰이는 경우	[의/이]	수의사[수의사/수이사]

└ 단, 관형격 조사일 경우 [의/에]로 발음함 예 우리의[우리의/우리에]

🧑‍🏫 민숙쌤의 개념 PLUS⁺

'민주주의의 의의'의 발음

- 원칙: [민주주의의 의의]
- 허용 ┬ 첫음절 이외의 '의'의 발음
  [민주주<u>의</u>의 의<u>이</u>],
  [민주주<u>이</u>의 의<u>이</u>],
  [민주주<u>이</u>의 의<u>의</u>]
  ├ 관형격 조사 '의'의 발음
  [민주주의<u>의</u> 의의],
  [민주주의<u>에</u> 의의],
  [민주주의<u>의</u> 의이],
  [민주주의<u>에</u> 의이]
  └ 첫음절 이외의 '의'의 발음, 관형격 조사 '의'의 발음
  [민주주<u>의의</u> 의<u>의</u>],
  [민주주<u>이에</u> 의<u>의</u>],
  [민주주<u>이에</u> 의<u>이</u>],
  [민주주<u>의에</u> 의<u>이</u>]

05 음운의 변동

I. 현대 문법

1. 교체(XAY → XBY)

음절의 끝소리 규칙

- 홀로 쓰이거나 자음으로 시작하는 뒷말이 결합할 때
  - 홑받침: 'ㄱ, ㄴ, ㄷ, ㄹ, ㅁ, ㅂ, ㅇ'의 7자음만이 음절의 끝소리(받침이 되는 소리)로 발음됨
    - 예 박[박], 밭[받], 부엌[부억], 말[말], 솥[솓], 법[법], 방[방], 꽃[꼳], 숲[숩], 히읗[히읃]
  - 겹받침 _자음(음운) 2개_ : 겹받침 'ㄳ, ㄵ, ㄼ, ㄽ, ㄾ, ㅄ' → [ㄱ, ㄴ, ㄹ, ㅂ]
    - 예 • 넓다[널따]: 자음군 단순화(탈락), 된소리되기(교체)
      • 삯[삭]: 자음군 단순화(탈락)
    - 단, '밟다[밥ː따], 넓둥글다[넙뚱글다], 넓적하다[넙쩌카다], 넓죽하다[넙쭈카다]'의 겹받침 'ㄼ'은 예외적으로 [ㅂ]으로 발음함
    - 겹받침 'ㄺ, ㄻ, ㄿ' → [ㄱ, ㅁ, ㅂ]
    - 단, 'ㄺ'으로 끝나는 어간에 'ㄱ'으로 시작하는 어미가 결합하면 겹받침 'ㄺ'은 [ㄹ]로 발음함 예 맑고[말꼬]
  - 쌍받침
    - 'ㄲ' 예 밖[박](교체)
    - 'ㅆ' 예 있다[읻따](교체)
- 모음으로 시작하는 뒷말이 결합할 때
  - 홑받침
    - 형식 형태소(뜻이 없는 형태소): 그대로 연음
      - 예 같은[가튼], 낮이[나지], 부엌이[부어키], 꽃아[꼬자], 꽃을[꼬츨], 무릎에[무르페]
    - 실질 형태소(뜻이 있는 형태소): 대표음으로 바꾼 후 연음
      - 예 밭 아래[바다래], 늪 앞[느밥], 맛없다[마덥따], 헛웃음[허두슴], 꽃 위[꼬뒤], 무릎 아래[무르바래] '음'은 뜻이 없으므로 'ㅅ'은 그대로 연음
  - 겹받침
    - 형식 형태소: 뒤엣것만 연음
      - 예 값을[갑쓸](이 경우, 'ㅅ'은 된소리로 발음함), 닭을[달글], 앉아[안자]
    - 실질 형태소: 대표음으로 바꾼 후 연음
      - 예 값어치[가버치], 닭 아래[다가래], 닭 앞에[다가페]
  - 쌍받침: 형식 형태소 - 그대로 연음 예 깎아[까까], 밖에[바께], 있어[이써]

 민숙쌤의 개념 PLUS⁺

음운 변동의 종류

- 교체: 음절의 끝소리 규칙, 자음 동화, 구개음화, 모음 동화, 된소리되기
- 축약: 자음 축약, 모음 축약
- 탈락: 'ㄹ' 탈락, 'ㅎ' 탈락, 'ㅡ' 탈락, 동음 탈락, 자음군 단순화(겹받침)
- 첨가: 사잇소리 현상

 민숙쌤의 개념 PLUS⁺

'홑받침, 겹받침, 쌍받침 + 모음으로 시작하는 형태소'의 발음

- 홑받침
  - 의미× : 옷이[오시] (연음)
  - 의미○ : 옷 위[옫위 → 오뒤] (교체, 연음)
- 겹받침
  - 의미× : 닭을[달글] (연음)
  - 의미○ : 닭 아래[닥아래 → 다가래] (탈락, 연음)
- 쌍받침 - 의미× : 밖이[바끼](연음)

 민숙쌤의 개념 PLUS⁺

겹받침 'ㄳ, ㄽ, ㅄ'의 발음

겹받침 'ㄳ, ㄽ, ㅄ' + 모음으로 시작하는 형식 형태소(뜻이 없는 말)
→ 'ㅅ'은 [ㅆ]으로 발음
→ 'ㅅ'이 [ㅆ]이 되었으므로 '교체'
예 삯이[삭씨], 외곬으로[외골쓰로 / 웨골쓰로], 값을[갑쓸]

05 음운의 변동

심화 PLUS+

'한글 자음의 명칭 + 모음으로 시작하는 형식 형태소'의 발음

기역이[기여기]	니은이[니으니]	디귿이[디그시]	리을이[리으리]	미음이[미으미]
비읍이[비으비]	시옷이[시오시]	이응이[이응이]	지읒이[지으시]	치읓이[치으시]
키읔이[키으기]	티읕이[티으시]	피읖이[피으비]	히읗이[히으시]	

- 홑받침 뒤에 '모음으로 시작하는 형식형태소'가 오는 경우, 홑받침을 연음하여 발음하는 것이 원칙 [예] 부엌이[부어키], 무릎이[무르피]
- '디귿이, 이응이, 지읒이, 치읓이, 키읔이, 티읕이, 피읖이, 히읗이'는 예외적으로 연음하지 않고 다르게 발음함

심화 PLUS+

최세진 <훈몽자회>
- 아이들에게 '한자'를 한글로 가르치기 위한 책
- 한글 자음의 명칭을 만듦
- 자음·모음의 순서가 오늘날과 유사함

자음 동화

- **비음화:** 비음이 아닌 자음이 비음을 만나 비음으로 발음되는 현상
  - [ㄱ, ㄷ, ㅂ] + [ㄴ, ㅁ] → [ㅇ, ㄴ, ㅁ] + [ㄴ, ㅁ]
    [예] · 국물[궁물], 닫는[단는], 돕는[돔:는]
    · 꽃내음[꼳내음](교체-음절의 끝소리 규칙) → 꼰내음[꼰내음](교체-비음화)
  - [ㅁ, ㅇ] + [ㄹ] → [ㅁ, ㅇ] + [ㄴ] [예] 담력[담:녁], 종로[종노], 강릉[강능]
  - [ㄱ, ㄷ, ㅂ] + [ㄹ] → [ㅇ, ㄴ, ㅁ] + [ㄴ]
    [예] 독립[동닙], 섭리[섬니], 왕십리[왕심니]

암기 Tip!
- [ㄱ, ㄷ, ㅂ]+[ㄴ, ㅁ]→[ㅇ, ㄴ, ㅁ]: 구둣발 마녀 오나미
- [ㅁ, ㅇ]+[ㄹ]→[ㅁ, ㅇ]+[ㄴ]: 미이라네

- **유음화:** 'ㄴ'이 'ㄹ'의 앞이나 뒤에서 'ㄹ'로 변하는 현상
  - [ㄴ] + [ㄹ] → [ㄹ] + [ㄹ] [예] 광한루[광:할루], 손난로[손날로]
  - [ㄹ] + [ㄴ] → [ㄹ] + [ㄹ] [예] 칼날[칼랄], 찰나[찰라]
  - <예외> 상견례[상견녜], 의견란[의:견난], 이원론[이:원논], 공권력[공꿘녁], 동원령[동:원녕], 결단력[결딴녁], 임진란[임:진난], 입원료[이붠뇨], 횡단로[횡단노/휑단노]
  - <더 알아두기> 생산량[생산냥], 구근류[구근뉴], 추진력[추진녁], 신문로[신문노]

암기 Tip!
상견례에서 의견이 이원론 되면 공권력을 동원하는 결단을 내려 임진란이 일어나고 입원하는 사람들이 많더라. 횡단로…

| 구개음화 | 구개음이 아닌 **자음 'ㄷ, ㅌ'이 모음 'ㅣ'나 반모음 'ㅣ'로 시작하는 형식 형태소를 만나 구개음 [ㅈ], [ㅊ]으로 바뀌는 현상**
└ 교체

[ㅕ, ㅕ, ㅕ] → [ㅕ, ㅕ, ㅕ]
예 미닫이[미:다지], 여닫이[여:다지], 굳이[구지], 붙여[부쳐→부처], 쇠붙이[쇠부치/쉐부치]

심화 PLUS+

구개음화에서 주의해야 할 점

• 구개음화가 일어나는 경우

구분	예
받침 'ㄷ', 'ㅌ' + 반모음 'ㅣ'(ㅑ, ㅕ, ㅛ, ㅠ)	붙여[부쳐→부처]
받침 'ㄾ' + ㅣ, ㅑ, ㅕ, ㅛ, ㅠ	훑이다[훌치다]
'ㄷ' + '-히-'	굳히다[구치다]

• 구개음화가 일어나지 않는 경우

구분	예
단모음 'ㅣ', 반모음 'ㅣ'(ㅑ, ㅕ, ㅛ, ㅠ 등)을 제외한 모음이 왔을 때	밭을[바틀]
한 형태소 안에서	느티나무[느티나무]
실질 형태소가 결합하는 경우	홑이불[혼니불]

| 된소리되기(경음화 현상) | ─ 음절의 끝소리 규칙 이후에 적용

─ 앞말의 받침 'ㄱ, ㄷ, ㅂ(ㅅ, ㅈ)' + 뒷말의 첫소리 'ㄱ, ㄷ, ㅂ, ㅅ, ㅈ'
  └ 이는 '어간 + 어미', 단일어, 합성어, 파생어 등 모든 단어에서 발음되는 현상임
  예 국밥[국빱], 역도[역또], 있지[읻찌], 입고[입꼬], 깎지[깍찌], 깎고[깍꼬]

─ 용언 어간의 끝소리 'ㄴ(ㄵ), ㅁ(ㄻ)' + 뒷말의 첫소리 'ㄱ, ㄷ, ㅅ, ㅈ'
  예 삼다[삼:따], 안고[안:꼬]

─ 용언 어간의 받침 'ㄺ, ㄼ, ㄾ' + 뒷말의 첫소리 'ㄱ, ㄷ, ㅅ, ㅈ'
  예 맑고[말꼬], 넓다[널따], 핥다[할따]

군무원 기출 PLUS+

다음 단어의 발음과 음운 변동 현상을 쓰시오.   24년 9급

01 뚫는
( )

02 넓다
( )

03 끝으로
( )

04 젖먹이
( )

[정답]
01 [뚤른], 자음군 단순화, 유음화
02 [널따], 자음군 단순화, 된소리되기
03 [끄트로], ×
04 [전머기], 음절의 끝소리 규칙, 비음화

05 음운의 변동

심화 PLUS⁺

더 알아 두어야 할 경음화 현상

- 어간 + 관형사형 전성 어미 '-(으)ㄹ' + 'ㄱ, ㄷ, ㅂ, ㅅ, ㅈ'
  - 된소리로 발음
    - 예) 할 것을[할꺼슬], 할 바를[할빠를]
  - <예외> 끊어서 말할 때에는 된소리로 발음하지 않음
    - 예) 할 바를[할 바를], 볼 수가[볼 수가]

- 한자어에서 'ㄹ' 받침 뒤 'ㄷ, ㅅ, ㅈ'
  - 된소리로 발음
    - 예) 갈등(葛藤)[갈뜽], 발동(發動)[발똥], 물질(物質)[물찔], 발전(發展)[발쩐], 몰상식(沒常識)[몰쌍식]
    - 구성 물질(物質)[물찔] / 해녀들의 물질[물질]

모음 동화('ㅣ' 모음 역행 동화)

- 앞 음절의 후설 모음 'ㅏ, ㅓ, ㅗ, ㅜ, ㅡ'가 뒤 음절의 전설 모음 'ㅣ'의 영향으로 전설 모음 [ㅐ, ㅔ, ㅚ, ㅟ, ㅣ]로 변하여 발음되는 현상
  - 예) 어미[에미], 아비[애비], 고기[괴기], 먹이다[메기다], 뜯기다[띧끼다]

- <예외> 'ㅣ' 모음 역행 동화에 의해 표기가 바뀐 단어

구분	예	구분	예
1	냄비	7	멋쟁이
2	서울내기	8	골목쟁이 — 골목에서 좀 더 깊숙이 들어간 좁은 곳
3	신출내기	9	발목쟁이 — '발'을 속되게 이르는 말
4	풋내기	10	(불을) 댕기다
5	소금쟁이	11	동댕이치다
6	담쟁이덩굴	-	-

당기다 1. 좋아하는 마음이 일어나 저절로 끌리다. (땡기다 x)
2. 물건 따위를 힘을 주어 자기 쪽이나 일정한 방향으로 가까이 오게하다. (↔밀다)

민숙쌤의 개념 PLUS⁺

'-장이'와 '-쟁이'의 구별

- -장이: '그것과 관련된 기술을 가진 사람'의 뜻을 더하는 접미사로, 수공업적인 기술자에 결합함
  - 예) 대장장이, 미장이, 석수장이

- -쟁이: '그것이 나타내는 속성을 많이 가진 사람'의 뜻을 더하는 접미사로, 수공업적인 기술자 외에 결합함
  - 예) 욕심쟁이, 멋쟁이, 소금쟁이

2. 축약(X<u>AB</u>Y → X<u>C</u>Y)

자음 축약 | 'ㄱ, ㄷ, ㅂ, ㅈ'과 'ㅎ'이 만나 'ㅋ, ㅌ, ㅍ, ㅊ'이 되는 현상으로, 발음에만 나타나는 현상

- 'ㄱ, ㄷ, ㅂ, ㅈ' + 'ㅎ' → 'ㅋ, ㅌ, ㅍ, ㅊ'
  예 축하[추카], 막혀[마켜], 입히다[이피다], 맞힌[마친], 젖히다[저치다]
- 'ㅎ' + 'ㄱ, ㄷ, ㅂ, ㅈ' → 'ㅋ, ㅌ, ㅍ, ㅊ' 예 놓고[노코], 많다[만ː타]

모음 축약 | 두 모음이 줄어들어 한 음절이 되는 현상(실제 표기에 반영됨)

- ㅗ + ㅏ → ㅘ 예 보 + 아라 → 봐라, 오 + 아서 → 와서, 오 + 아라 → 와라
- ㅜ + ㅓ → ㅝ 예 주 + 어라 → 줘라

3. 탈락(X<u>A</u>Y → X<u>Ø</u>Y)

자음 탈락 | 음절의 끝 자음이 없어지는 음운 현상

- 'ㄹ' 탈락: '어간 + 어미'의 형태일 때, 용언 어간의 끝소리인 'ㄹ'이 어미의 첫소리 ㄴ, ㄹ, ㅂ, ㅅ 및 '-(으)오' 앞에서 탈락하는 현상 —ㄹ수록, -ㄹ지언정, -ㄹ뿐더러, -ㄹ망정, -ㄹ까
  예 • 놀다: 노니, 논, 놉시다, 노시다, 노오
     • 울다: 우니, 운, 웁시다, 우시다, 우오
- 'ㅎ' 탈락: 용언 어간 끝소리 'ㅎ'이 모음으로 시작하는 어미나 접미사와 결합할 때 탈락하는 현상(발음상의 탈락)
  예 넣 + 어 → [너어], 놓 + 을 → [노을], 쌓 + 이 + 다 → [싸이다], 싫 + 어도 → [시러도]

암기 Tip!
'ㄹ' 탈락
└ 나라보시오

05 음운의 변동

민숙쌤의 개념 PLUS⁺

받침 'ㅎ(ㄶ, ㅀ)'의 발음(표준 발음법 제12항)

구분	예	음운 변동
'ㅎ' + 'ㄱ, ㄷ, ㅂ, ㅈ' → [ㅋ, ㅌ, ㅍ, ㅊ]	놓고[노코]	축약
'ㅎ' + 모음 → [∅ + 모음]	놓아[노아]	탈락
'ㅎ' + 'ㅅ' → [∅ + ㅆ]	놓소[노쏘]	탈락 + 교체
'ㅎ' + 'ㄴ' → [ㄴ + ㄴ]	놓는[논는]	교체
'ㄶ' + 'ㄴ' → [ㄴ + ㄴ]	끊는[끈는]	탈락
'ㅀ' + 'ㄴ' → [ㄹ + ㄹ]	뚫는[뚤는 → 뚤른]	탈락 + 교체

<붙임1> 받침 'ㄱ(ㄺ), ㄷ, ㅂ(ㄼ), ㅈ(ㄵ)' + 'ㅎ' → [ㅋ, ㅌ, ㅍ, ㅊ] 예 맏형[마텽], 먹히다[머키다]

<붙임2> [ㄷ]으로 발음되는 'ㅅ, ㅈ, ㅊ, ㅌ' + 'ㅎ' → [ㅌ]
예 꽃 한 송이[꼳한송이 → 꼬탄송이], 옷 한 벌[옫한벌 → 오탄벌]

모음 탈락 두 모음이 연속될 경우, <mark>하나의 모음이 탈락하는 음운 현상</mark>(표기상의 탈락)

- **'ㅡ' 탈락**: 'ㅡ'로 끝나는 어간에 '아/어'로 시작하는 어미가 결합할 때 어간의 'ㅡ'가 탈락하는 현상 *'-아/어', '-아서/어서', '-아라/어라'*

  예 • 끄- + -어 → 꺼, 끄- + -어서 → 꺼서, 끄- + -어라 → 꺼라
  - 잠그- + -아 → 잠가, 잠그- + -아서 → 잠가서, 잠그- + -아라 → 잠가라
  - 담그- + -아 → 담가, 담그- + -아서 → 담가서, 담그- + -아라 → 담가라

  모음 조화 파괴

- **동음 탈락**: 동일한 모음이 연속될 때, 그중 하나가 탈락하는 현상

  예 • 가- + -아 → 가, 가- + -아서 → 가서, 가- + -아라 → 가라(동일한 모음 'ㅏ'가 탈락)
  - 서- + -어 → 서, 서- + -어서 → 서서, 서- + -어라 → 서라(동일한 모음 'ㅓ'가 탈락)

4. 첨가(XØY → XAY)

사잇소리 현상 — 명사 + 명사의 합성어에서 일어나는 것이 원칙

- ㄲ, ㄸ, ㅃ, ㅆ, ㅉ
  - 모음 + 'ㄱ, ㄷ, ㅂ, ㅅ, ㅈ' 예 배 + 사공 → 뱃사공[배싸공/밷싸공]
  - 자음 'ㄴ, ㄹ, ㅁ, ㅇ'(울림소리) + 'ㄱ, ㄷ, ㅂ, ㅅ, ㅈ'
    예 봄 + 비 → 봄비[봄삐], 돌 + 부리 → 돌부리[돌:뿌리]
- 'ㄴ' 첨가
  - 모음 + 'ㄴ, ㅁ' 예 이 + 몸 → 잇몸[인몸], 코 + 날 → 콧날[콘날]
  - 자음 + 모음 'ㅣ', 반모음 'ㅣ'(ㅑ, ㅕ, ㅛ, ㅠ 등) — 파생어, 합성어, 두 단어 사이에서도 일어남
    예 집 + 일 → 집일[짐닐], 콩 + 엿 → 콩엿[콩녇], 늑막 + 염 → 늑막염[능망념]
- 'ㄴㄴ' 첨가: 모음 + 모음 'ㅣ', 반모음 'ㅣ'(ㅑ, ㅕ, ㅛ, ㅠ 등)
  예 나무 + 잎 → 나뭇잎[나문닙], 깨 + 잎 → 깻잎[깬닙]

심화 PLUS+
기타 음운 현상

도치: 한 단어나 어군(語群)의 내부에서 초성과 종성이 위치를 바꿈 예 빗복 > 빗곱 > 배꼽

심화 PLUS+
뒤 단어의 첫소리 'ㄱ, ㄷ, ㅂ, ㅅ, ㅈ'을 된소리로 발음하는 단어

표기상으로는 사이시옷이 없더라도, 관형격 기능을 지니는 사이시옷이 있어야 할 합성어의 경우

예
- 강-가[강까]   길-가[길까]   문-고리[문꼬리]   바람-결[바람껼]
- 그믐-달[그믐딸] 초승-달[초승딸] 눈-동자[눈똥자]   물-동이[물똥이]
- 발-바닥[발빠닥] 신-바람[신빠람] 아침-밥[아침빱]   등-불[등뿔]
- 창-살[창쌀]   산-새[산쌔]   굴-속[굴:쏙]   등-살[등쌀]
- 술-잔[술짠]   손-재주[손째주] 강-줄기[강쭐기]   잠-자리[잠짜리]

심화 PLUS+
합성어의 발음

콧날[　]　　　물약[　]　　　봄비[　]
나뭇잎[　]　　등굣길[　]　　만둣국[　]
뱃멀미[　]　　부엌일[　]　　예삿일[　]
전셋집[　]　　시곗바늘[　]　　직행열차[　]

답 [콘날], [물략], [봄삐], [나문닙], [등교낄/등굗낄], [만두꾹/만둗꾹], [밴멀미], [부엉닐], [예:산닐], [전세찝/전섿찝], [시계빠늘/시곋빠늘/시게빠늘/시겓빠늘], [지캥녈차]

I. 현대 문법

06 품사의 구분

1. 품사

품사 단어 성질이 공통된 것끼리 모아 갈래를 지은 것

└ **9품사**: 명사, 대명사, 수사 / 동사, 형용사 / 조사 / 관형사, 부사 / 감탄사
　　　　　└─체언─┘　└─용언─┘　└관계언┘ └수식언┘ └독립언┘

2. 체언

명사

구분 기준	종류	개념	예
사용 범위	고유 명사	특정한 사람이나 사물에 붙인 이름(사람 이름, 문화재명, 지명)	서울, 한강, 광화문
	보통 명사	일반적인 사물의 이름	알약, 학교, 상자
자립성의 유무	자립 명사	관형어의 꾸밈 없이도 단독으로 쓰일 수 있는 명사	하늘, 바다
	의존 명사	주로 관형어의 꾸밈을 받아 쓰이는 명사	바, 것, 수
감정 표현 능력의 유무	유정 명사	감정을 나타내는 사람이나 동물을 가리키는 명사	친구, 사슴
	무정 명사	감정을 나타내지 못하는 식물이나 무생물을 가리키는 명사	꽃, 바위, 돌

민숙쌤의 개념 PLUS⁺

단어의 특성

- 뜻을 지니고 홀로 설 수 있는 말의 단위(최소 자립 단위)
- 조사를 제외한 모든 단어는 띄어쓰기 단위와 일치함
- 단어는 하나 이상의 형태소로 구성됨
  예 혜영과 혜지는 함께 달렸다.
  → 단어: 혜영 / 과 / 혜지 / 는 / 함께 / 달렸다. (6개)
  → 형태소: 혜영 / 과 / 혜지 / 는 / 함께 / 달리- / -었- / -다 (8개)

의존 명사
주로 관형어의 수식을 받아 쓰이는 명사(자립성은 없으나, 하나의 단어이므로 띄어 씀)

- **보편성 의존 명사**: 것, 이, 분, 즈음 등
  - [예]
    - 마실 것 좀 다오.
    - 사랑하는 이를 만났어요.
    - 멋있는 분이 앉아 계시다.
    - 비가 올 즈음이었다.

- **주어성 의존 명사**: 수, 리 등
  - [예]
    - 먹을 수가 없다.
    - 그들이 싸울 리가 없다.

- **서술성 의존 명사**: 따름, 때문 등
  - [예]
    - 그가 좋을 따름이다.
    - 그는 빚 때문에 고생을 했다.

- **부사성 의존 명사**: 양, 체, 척, 법, 만, 듯, 뻔 등
  - [예]
    - 얼이 빠진 양 구경하다.
    - 못 이기는 척 시키는 대로 하렴.
    - 일이 잘될 법은 하다만.
    - 도둑으로 몰려서 잡혀갈 뻔도 했다.

- **단위성 의존 명사**: 자루, 마리, 개 등
  - [예]
    - 연필 한 자루 / 말 한 마리 / 사과 열 개
    - 조기 한 손 / 북어 한 쾌 / 오징어 한 축
    - 마늘 한 접 / 바늘 한 쌈

나열된 명사 + 들

영희가 고등어, 조기, 우럭 들을 사 왔다.

민숙쌤의 개념 PLUS⁺

'대로, 만큼, 뿐'의 품사 통용

- 의존 명사: 어간 + 관형사형 전성 어미 + 대로, 만큼, 뿐
  - [예]
    - 느낀 대로 말해라.
    - 노력한 만큼 대가를 얻는 법이다.
    - 나는 웃고만 있을 뿐이었다.
- 조사: 체언(명사, 대명사, 수사) + 대로, 만큼, 뿐
  - [예]
    - 단추는 단추대로 모아 두어야 한다.
    - 집을 궁만큼 크게 지었다.
    - 집뿐만 아니라 회사에서도 그런다.

단위성 의존 명사

- 고등어 한 손: 2마리
- 북어 한 쾌: 20마리
- 바늘 한 쌈: 24개
- 오징어 한 축: 20마리
- 배추(마늘) 한 접: 100개
- 김 한 톳: 100장
- 한약 한 제: 20첩
- 오이 한 거리: 50개
- 조기 한 두름: 20마리
- 기와 한 우리: 2,000장

06 품사의 구분

대명사 : 사람이나 사물의 이름을 대신 가리켜 이르는 말

- '이, 그, 저'의 품사 통용
  - 대명사: 이, 그, 저 + 조사 예) 이는 책이다. / 이는 내가 알 바가 아니다.
  - 관형사: 이, 그, 저 + 명사 예) 이 책은 흥미롭다. / 이 사람이 범인이다.
- **지시 대명사**

사물	이것, 그것, 저것, 무엇 등
장소	여기, 거기, 저기, 어디 등

- **인칭 대명사**

구분		높임말	예사말	낮춤말
1인칭		-	나, 우리(들)	저, 저희
2인칭		당신, 그대	자네, 당신	너, 너희, 당신
3인칭	근칭(이)	이분	이이	이자
	중칭(그)	그분	그이	그자
		그, 그녀, 그들 (*높임말, 예사말, 낮춤말의 구별 없음)		
	원칭(저)	저분	저이	저자
	미지칭	-	누구	-
	부정칭	-	아무, 누구	-
	재귀칭	당신	자기, 자신	저, 저희

대명사 '당신'의 쓰임

- 2인칭 높임말
  예) 당신(you)의 희생을 잊지 않겠습니다.
- 2인칭 예사말
  예) 당신(you)은 누구요?
- 2인칭 낮춤말
  예) 당신(you), 위험하게 운전을 하면 어떻게 해!
- 3인칭 재귀칭
  예) 저 소나무도 아버지께서 당신('자기'의 높임) 손으로 직접 심으셨지.

'이, 그, 저'가 결합된 단어

품사	대상	이	그	저
대명사	사람	이분	그분	저분
		이이	그이	저이
		이자	그자	저자
	사물	이것	그것	저것
	장소	여기	거기	저기
부사	-	이리	그리	저리

- 의존 명사 '이': 관형어 + 이
  → 이때의 '이'는 '사람'의 의미
  예) 사랑하는 이를 만나다.

민숙쌤의 개념 PLUS⁺

미지칭과 부정칭의 차이
- 미지칭: 모르는 사람을 가리키는 말(대상 분명)
  예) 저 사람이 누구인가요?
- 부정칭: 정해지지 않은 막연한 사람을 가리키는 말(대상 불분명)
  예) 누구든지 할 수 있다.

 **심화 PLUS⁺**

대명사 '우리'의 쓰임
- 듣는 이 포함
  예) 형, 우리 오늘 북한산에 갈까?
- 듣는 이 제외
  예) 우리가 너한테 무슨 잘못을 했다고 그래?
- 친밀한 관계
  예) 우리 엄마, 우리 동네

대명사 '저희'의 쓰임
- 1인칭 낮춤말
  예) 저희가 가져오겠습니다.
- 3인칭 재귀칭 ('자기'로 대체 ○)
  예) 학생들은 저희들끼리 책을 고르겠다고 한다. ─ 자기네들끼리

| 수사 | 수량이나 순서를 가리키는 품사 |

- **양수사**: 사물의 **수량**을 나타내는 수사 예) 하나, 둘, 셋, 넷 / 일, 이, 삼, 사
- **서수사**: 사물의 **순서**를 나타내는 수사 예) 첫째, 둘째, 셋째, 넷째

 심화 PLUS⁺

'O째'의 쓰임

품사	의미	예
명사	첫째: 여러 형제자매 가운데서 제일 손위인 사람 *자식 중 첫째* • 첫째: (주로 '첫째로'의 형태) 무엇보다도 앞서는 것 • O째: 맨 앞에서 세어 모두 O 개가 됨을 이르는 말	• 피붙이라곤 자식 둘 있는데 그나마 첫째는 교통사고로 죽고 지금은 둘째만 남았다. • 김 선생네는 첫째가 벌써 초등학교 5학년이다. • 신발은 첫째로 발이 편안해야 한다. • 그 녀석이 깬 유리창이 이걸로 셋째다. • 오늘 아침부터 잘못 걸려 온 전화가 벌써 일곱째야.
수사	순서가 O 번째 되는 차례 (+조사 O, +쉼표 O)	• 첫째, 학생들의 마음을 이해해야 한다. • 철수는 열심히 뛰었으나 다섯째로 들어왔다. • 그는 성적이 반에서 열째이다.
관형사	순서가 O 번째 되는 차례의 (+조사 ×, +쉼표 ×)	• 소수점 이하 넷째 자리 • 아홉째 줄

 민숙쌤의 개념 PLUS⁺

수와 관련된 단어의 품사 통용

- 수사 + 조사 O
  예) • 여덟은 농구를 한다.
      • 다섯에서 열까지 세라.
- 수 관형사 + 조사 ×, 체언 O
  예) • 여덟 명이 농구를 한다.
      • 다섯 사람이 보였다.

06 품사의 구분

3. 관계언

조사 주로 체언 뒤에 붙어서 **다른 말과의 문법적인 관계를 나타내는 품사**
- 특징
  - 주로 체언과 결합함
  - 자립성은 없지만 단어로 취급함
  - 활용하지 않음(불변어): 서술격 조사 '이다' 제외
  - 이형태가 존재함: 이/가, 을/를, 은/는, 와/과 등
    - 앞 단어의 받침 유무에 따라 결정됨
- 종류
  - **격 조사**: 체언이 일정한 자격을 갖도록 하여 주는 조사

종류	형태
주격 조사	이/가, 께서, 에서 (단체를 나타내는 명사 뒤)
목적격 조사	을/를
보격 조사	이/가('되다', '아니다'의 앞에 오는 것) 예) 철수는 학생이 되다. / 물이 얼음이 되다. / 그 사람은 학생이 아니다.
서술격 조사	이다
관형격 조사	의
부사격 조사	에, 에게, 에서, 라고/고, (으)로, (으)로서/(으)로써, 와/과, (이)랑, 하고, 한테, 만큼, 보다, 께, 더러 ('에게'의 높임말)
호격 조사	아, 야, 이여 예) 철수야./영희야./청춘이여.

민숙쌤의 개념 PLUS⁺

'에게'와 '에'의 구분
- 에게: 유정명사 뒤에서 쓰임
  예) 철수에게 돈이 많다.
  └ 감정을 나타내는 사람이나 동물을 가리키는 명사 (예) 친구, 사슴
- 에: 무정명사 뒤에서 쓰임
  예) 옷에 먼지가 묻다.
  └ 감정을 나타내지 못하는 식물이나 무생물을 가리키는 명사 (예) 꽃, 바위, 돌

민숙쌤의 개념 PLUS⁺

'라고'와 '고'의 구분
- 라고: 직접 인용 뒤
  예) 나는 "배가 고프다"라고 말했다.
- 고: 간접 인용 뒤
  예) 나는 배가 고프다고 말했다.

민숙쌤의 개념 PLUS⁺

'로서'와 '로써'의 구별
- 로서
  - 지위나 신분 또는 자격을 나타내는 격 조사
    예) 교육자로서 책임을 다하다.
  - 어떤 동작이 일어나거나 시작되는 곳을 나타내는 격 조사
    예) 모든 일은 너로서 시작되었다.
- 로써
  - 어떤 일의 수단이나 도구를 나타내는 격 조사
    예) 말로써 천 냥 빚을 갚는다.
  - 시간을 셈할 때 셈에 넣는 한계를 나타내거나 어떤 일의 기준이 되는 시간임을 나타내는 격 조사
    예) 이로써 세 번째다.

- **접속 조사**: 두 단어를 <mark>같은 자격으로</mark> 이어 주는 조사

종류	예
와/과	고등학교 때 수학과 영어를 무척 좋아했다.
하고	철수는 꽃하고 나비를 좋아한다.
(이)랑	영희는 너랑 나를 파티에 초대했다.

- **보조사**: 앞말에 붙어 <mark>특별한 의미를 더해 주는</mark> 조사

의미	형태	예
대조	은/는 - 주격 조사 ×	인생은 짧고, 예술은 길다.
한정	만	한 가지만 먹지 말고 골고루 먹어라.
포함, 더함	도	소설만 읽지 말고, 시도 읽어.
극단	까지	믿었던 너까지!
더함	조차, 마저	• 비가 오는데 바람조차 부는구나. • 너마저 나를 떠나는구나.
출발점	부터	처음부터 끝까지 말썽이다.
반전, 의문	마는	약속을 했지마는 안 되겠다.
감탄	그려, 그래	• 경치가 좋네그려. • 그것 참 신통하군그래
높임	요	오늘은 일기를 썼어요.
부정	커녕	• 나무커녕 물도 없는 상황 • 나무는커녕 잡초도 없다.

└ 는(보조사) + 커녕(보조사): 보조사는 붙여 써야 함

문장 속 보조사 찾기
1. 수박은 잘 익었는데 참외가 덜 익었다.
2. 철수까지가 합격이다.
3. 복도에서는 뛰지 말아라.
4. 오늘은 날씨가 몹시도 덥다.
5. 옳고 그르냐는 중요하지 않다.

답 1. 은 2. 까지 3. 는 4. 은, 도 5. 는

접속 조사와 부사격 조사 '와/과'의 비교

- '같다, 다르다, 닮다' 앞에 있는 '와/과'는 부사격 조사이다.
  예 수민이는 어머니와 닮았다.

- '와/과' 앞뒤가 같은 자격이면 접속 조사, 같은 자격이 아니면 부사격 조사이다.
  ┌ 접속 조사: 종구는 피자와 통닭을 먹었다.
  │ → '와/과' 앞뒤 같은 자격
  └ 부사격 조사: 너는 누구와 갈 것이냐?

[요/오 구분] 보조사 '요' / 연결 어미 '-요' / 종결 어미 '-오'

- 쉼표 앞에서는 연결 어미 '-요'를 씀
  예 이는 우리의 유산이요, 보물이요, 민족의 일이다.

- '요', '오'를 뺐을 때
  ┌ 문장 성립 O: 보조사 '요'
  │ 예 • 돈이 없어요.
  │   • 새싹이 돋는군요.
  │   • 아니요.
  └ 문장 성립 ×: 종결 어미 '-오'
     예 • 어서 오십시오.
        • 당신이 살던 고향으로 돌아가시오.

06 품사의 구분

4. 용언

동사, 형용사

- **동사와 형용사의 구분**

구분		동사	형용사
의미		주어의 동작이나 작용을 나타내는 단어 예 • (책을) 보다 　 • (빵을) 먹다	주어의 성질이나 상태를 나타내는 단어 예 (맛이) 달다/(날씨가) 춥다 　 (책이) 많다/(거짓이) 아니다
어미의 종류	감탄형 종결 어미	동사 어간 + -는구나 예 늙다: 너도 점점 늙는구나.	형용사 어간 + -구나 예 젊다: 늦게까지 공부하는 것을 보니 너도 아직 젊구나.
	현재 시제 선어말 어미	동사 어간 + -ㄴ/는- + 어미(O) 예 영희는 밥을 먹는다.(O)	형용사 어간 + -ㄴ/는- + 어미(×) 예 지혜는 지혜롭는다.(×)
	명령형/ 청유형 종결 어미	동사 어간 + 명령형/청유형 어미(O) 예 먹어라(O), 보아라(O), 　 일어나자(O), 읽자(O)	형용사 어간 + 명령형/청유형 어미(×) 예 행복해라(×), 건강해라(×), 곱자(×)

민숙쌤의 개념 PLUS⁺

헷갈리기 쉬운 동사와 형용사

동사			형용사		
• 낡다	• 모자라다	• 못나다	• 없다	• 알맞다	• 걸맞다
• 못생기다	• 잘나다	• 잘생기다	• 흐드러지다		

심화 PLUS⁺

매개 모음 '으'의 사용

- 자음 받침('ㄹ' 제외) + '으' 사용 O
- 'ㄹ' 받침, 모음 + '으' 사용 ×
  예 • 차를 밀읍시다(×)/차를 밉시다(O)　　• 날으면(×)/날면(O)
  　　• 살으렵니다(×)/살렵니다(O)　　　　• 녹슬은(×)/녹슨(O)
  　　• 절은(×)/전(O)

- 동사와 형용사로 모두 쓰이는 단어: 늦다, 크다, 있다, 밝다, 굳다, 감사하다

구분	동사	형용사
늦다	정한 때보다 지나다. 예 그는 약속 시간에 매번 <u>늦는다</u>.	• 기준이 되는 때보다 뒤져 있다. 예 작년에는 눈이 <u>늦게</u> 내렸다. • 시간이 알맞은 때를 지나 있다. 또는 시기가 한창인 때를 지나 있다. 예 <u>늦은</u> 점심을 먹었다. • 곡조, 동작 따위의 속도가 느리다. 예 박자가 <u>늦은</u> 곡을 들으면 졸리다.
크다	• 동식물의 몸의 길이가 자라다. 예 날씨가 건조하면 나무가 <u>크지</u> 못한다. • 사람이 자라서 어른이 되다. 예 아이가 <u>크면서</u> 점점 총명해졌다. • 수준이나 능력 따위가 높은 상태가 되다. 예 한창 <u>크는</u> 분야라서 지원자가 많다.	• 사람이나 사물의 외형적 길이, 넓이, 높이, 부피 따위가 보통 정도를 넘다. 예 • 새로 산 집이 무척 <u>크다</u>. 　　• <u>큰</u> 집을 장만하는 것이 내 꿈이다. • 사람의 됨됨이가 뛰어나고 훌륭하다. 예 <u>큰</u> 인물을 배출하다.
있다	• 사람이나 동물이 어느 곳에서 떠나거나 벗어나지 아니하고 머물다. 예 그녀는 오늘 집에 <u>있다고</u> 했다. • 사람이 어떤 직장에 계속 다니다. 예 다니던 직장에 그냥 <u>있어라</u>. • 사람이나 동물이 어떤 상태를 계속 유지하다. 예 떠들지 말고 얌전하게 <u>있어라</u>. • 얼마의 시간이 경과하다. 예 배가 아팠는데 조금 <u>있으니</u> 괜찮아졌다.	• 사람, 동물, 물체 따위가 실제로 존재하는 상태이다. 예 나는 신이 <u>있다고</u> 믿는다. • 어떤 일이 이루어지거나 벌어질 계획이다. 예 오늘 회식이 <u>있다</u>. • 어떤 물체를 소유하거나 자격이나 능력 따위를 가진 상태이다. 예 영희는 돈이 <u>있다</u>.
밝다	밤이 지나고 환해지며 새날이 오다. 예 • 벌써 새벽이 <u>밝아</u> 온다. 　　• 곧 날이 <u>밝으면</u> 출발할 수 있다.	• 불빛 따위가 환하다. 예 <u>밝은</u> 조명 • 생각이나 태도가 분명하고 바르다. 예 예의가 <u>밝다</u>. • 예측되는 상황이 긍정적이고 좋다. 예 전망이 <u>밝다</u>. • 어떤 일에 대하여 잘 알아 막히는 데가 없다. 예 세상 물정에 <u>밝다</u>.

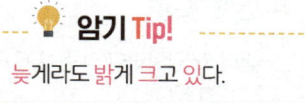

암기 Tip!
<u>늦</u>게라도 <u>밝</u>게 <u>크</u>고 <u>있</u>다.

06 품사의 구분

 심화 PLUS⁺

'굳다'와 '감사하다'의 품사 통용

구분	동사	형용사
굳다	• 무른 물질이 단단하게 되다. 　[예] 시간이 지날수록 진흙이 굳는다. • 근육이나 뼈마디가 뻣뻣하게 되다. 　[예] 손발이 굳다. / 혀가 굳다. • 표정이나 태도 따위가 부드럽지 못하고 딱딱하여지다. 　[예] 꾸지람을 듣자 그의 얼굴은 곧 굳었다. • 몸에 배어 버릇이 되다. 　[예] 한번 말버릇이 굳어 버리면 여간해서 고치기 어렵다. • 돈이나 쌀 따위가 헤프게 없어지지 않고 자기의 것으로 계속 남게 되다. 　[예] 네가 밥 안 먹으면 쌀 굳고 좋지, 뭐.	• 누르는 자국이 나지 아니할 만큼 단단하다. 　[예] 굳은 시멘트 • 흔들리거나 바뀌지 아니할 만큼 힘이나 뜻이 강하다. 　[예] 굳은 결심. 굳게 맹세하다. • 재물을 아끼고 지키는 성질이 있다. 　[예] 그는 사람됨이 굳고 인색해서 돈을 빌려 주는 법이 없다.
감사하다	(…에게 …에 / …에게 …을 / …에게 -음을 / …에 대하여) 고맙게 여기다. 　[예] • 나는 친구에게 도와준 것에 감사하는 마음을 표했다. 　　• 나는 그가 이곳을 직접 방문해 준 것에 감사하고 있다. 　　• 그는 힘써 준 것에 대하여 어르신께 진심으로 감사하고 있습니다.	(…이 / -어서 / -으면) 고마운 마음이 있다. 　[예] • 당신의 작은 배려가 대단히 감사합니다. 　　• 무례를 용서해 주시면 감사하겠습니다.

용언의 어간과 어미

- 용언의 어간: 용언이 활용할 때 변하지 않는 부분
- 용언의 어미: 용언의 어간을 제외한 나머지 부분으로, 용언이 활용할 때 변하는 부분

• **선어말 어미**

종류	기능	형태	예
시제 선어말 어미	과거	-았-/-었-	솟았다, 먹었다
	현재	-는-/-ㄴ-	먹는다, 달린다
	미래	-겠-	가겠다, 먹겠다
높임 선어말 어미	주체 높임	-(으)시-	드시고, 앉으시고

• **어말 어미**

- **종결 어미**: 문장의 끝에 와서 문장을 종결시키는 어미

종류	형태	예
평서형	-ㅂ니다, -습니다, -다, -아/-어	먹는다.
의문형	-ㅂ니까, -습니까, -(으)ㄹ까	먹었을까?
명령형	-아라/-어라	먹어라.
청유형	-자, -(으)세	먹자.
감탄형	-는구나, -구나	먹는구나!

- **연결 어미**: 문장이나 단어를 연결시키는 어미

종류	형태	예
대등적	-고, -(으)며	비가 오고 바람이 분다.
종속적	-아서/-어서	비가 와서 소풍이 취소됐다.
보조적	-아/-어	범인을 잡아 버렸다.

- **전성 어미**: 용언의 서술 기능을 또 다른 기능으로 바꾸어 주는 어미

종류	형태	예
명사형	-ㅁ, -음 / -기	밥을 먹기 싫다.
관형사형	-던 / -ㄴ, -은, -는 / -ㄹ, -을	내가 먹던 약이다.
부사형	-게 / -도록	밥을 먹게 두어라.

06 품사의 구분

본용언과 보조 용언
용언이 여러 개 연이어 나타날 때만 본용언·보조 용언 구분

- 본용언: 문장의 주체를 서술하는 용언으로, 용언이 여러 개 있을 때는 맨 앞에 있는 용언은 본용언임
- 보조 용언: 본용언 뒤에서 **본용언을 도와주는** 용언으로, 본용언의 뜻을 보충함

  [예] 철수는 빵을 먹고 간다. / 너는 왜 울어 쌓니?
  　　　　　　본　본　　　　　본　보조

'본용언 + 본용언' / '본용언 + 보조 용언' 구분 방법

- 용언 + '-아서/어서'의 합성이 가능하면 본용언 + 본용언

  [예] 사과를 깎아서 주었다.(○) → 본용언 + 본용언

- 용언 + 아니하다(않다), 못하다 ─ 본용언의 품사를 따름
  　　　　　　보조 용언

  [예] 철수는 학교에 가지 않았다. / 영수는 라면을 먹지 못하다.

- 용언 + 양하다, 체하다, 척하다, 법하다, 만하다, 듯하다, 뻔하다, 듯싶다, 성싶다
  　　　　보조 동사　　보조 동사　　　　　　　　　　　　　보조 형용사
  　　　　보조 형용사

  [예] • 그 사람은 아무것도 모르는 양하며 시치미를 뗐다.
  　　　　　　　　　　　　　　　　보조 동사

  　　 • 휘파람을 부는 것을 보니 기분이 좋은 양하다. ─ 보조 형용사
  　　 • 잘난 체하다. / 먹는 척하다.
  　　 • 눈이 내릴 법하다. / 놀랄 만하다. / 읽는 듯하다.

- 용언 + 싶다　[예] 나는 아이스크림을 먹고 싶다.
  　　　보조 형용사

- 용언(-아/어, -고) + 있다　[예] 꽃이 피어 있다. / 꽃이 피고 있다.
  　　　　　　　　보조 동사

- 용언 + 가다, 오다　[예] 글을 다 읽어 간다. / 날이 서서히 밝아 오다.
  ┌ 보조 동사
  └ go, come의 의미 ×

- 용언 + 보다 ─ see의 의미 ×
  ┌ 경험: 보조 동사
  └ 추측, 원인: 보조 형용사

  [예] 오랜만에 떡을 먹어 보다. / 식구들이 모두 돌아왔나 보다.

- 용언 + 주다 ─ give의 의미 ×

  봉사하다: 보조 동사

  [예] 환자에게 죽을 먹여 주었다. / 한글을 가르쳐 주었다. / 아내를 위해 설거지를 해 줬다.

- 본용언과 보조 용언으로 모두 쓰이는 단어

	본용언으로 쓰일 때 예	보조 용언으로 쓰일 때 예
가다	흥부가 집에 가다.	우리는 공부를 할수록 더 많은 것을 알아 간다.
버리다	마당에 쓰레기를 버렸다.	• 그의 손을 놓쳐 버렸다. • 동생이 내 과자를 먹어 버렸다.
오다	춘향이가 서울로 온다.	창문 너머로 날이 밝아 온다.
쌓다	선조는 성벽을 쌓았다.	• 그렇게 동생을 놀려 쌓으면 못쓴다. • 왜 울어 쌓느냐?
내다	• 번화가에 상점을 냈다. • 회사에 지원서를 내다.	• 그는 분노를 참아 냈다. • 고구려는 적의 침략을 막아 냈다.
대다	• 수화기에 귀를 대다. • 항구에 배를 대다.	• 학생들이 교실에서 떠들어 대다. • 그는 음식을 먹어 대다.
주다	철수에게 스카프를 줬다.	• 한글을 가르쳐 주었다. (본용언+보조 용언) • 죽을 먹여 주었다. (본용언+보조 용언) • 설거지를 해 주었다. (본용언+보조 용언)
아니하다 (않다)	'아니하다' 본용언 ×	• 피자를 먹지 않았다. • 나는 춥지 않다.
못하다	• 노래를 못하다. • 음식 맛이 못하다.	피자를 먹지 못했다.
있다	• 그는 집에 있었다.(동사) • 배가 아팠는데 조금 있으니 괜찮아지더라. • 여기서 조용하게 있어라. • 신은 있다.	• 꽃이 피어 있다. • 꽃이 피고 있다. ┌ '-어 있다', '-고 있다'의 '있다' 　　　　　　　　　└→ 보조 동사
보다	푸르른 바다를 보았다.	• 음식을 먹어 보다. ┌ 시험·경험 → 보조 동사 • 실력이 대단한가 보다. 　　　　　　　　　└ 추측·이유·원인 → 보조 형용사

06 품사의 구분

보조 동사/보조 형용사 구분

- 일반적인 경우 '동사와 형용사의 구분 방법'을 적용하여 각각의 단어가 보조 동사인지 보조 형용사인지 구분함
  - 예
    - 여행을 가고 싶다. (보조 형용사)
    - 수업 후, 운동장에서 놀아 버렸다. (보조 동사)
    - 그녀는 온갖 어려움을 참아 냈다. (보조 동사)
- 보조 동사와 보조 형용사로 모두 쓰이는 단어

단어	구분 방법	품사	예
아니하다, 못하다	앞에 오는 본용언이 동사인 경우	보조 동사	• 피자를 먹지 않았다. • 장군은 말을 잇지 못했다.
	앞에 오는 본용언이 형용사인 경우	보조 형용사	• 날씨가 춥지 않다. • 그는 똑똑하지 못했다.
보다	'경험, 시험'의 의미	보조 동사	음식을 먹어 보다.
	'추측, 원인'의 의미	보조 형용사	실력이 대단한가 보다.

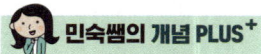

민숙쌤의 개념 PLUS⁺

보조 동사 '있다'

- (주로 동사 뒤에서 '-어 있다' 구성으로 쓰여) 앞말이 뜻하는 행동이나 변화가 끝난 상태가 지속됨을 나타내는 말
  - 예 깨어 있다.
- (주로 동사 뒤에서 '-고 있다' 구성으로 쓰여) 앞말이 뜻하는 행동이 계속 진행되고 있거나 그 행동의 결과가 지속됨을 나타내는 말
  - 예 듣고 있다.

용언의 활용

규칙 활용

어간 + 어미의 규칙적 활용	씻다
'으' 탈락: 어간의 끝 '으' + 모음 어미 '-아/-어'	쓰다
'ㄹ' 탈락: 어간의 끝 'ㄹ' + 'ㄴ, ㄹ, ㅂ, ㅅ, 오' (학교 문법: 규칙 / 어문 규정: 불규칙)	알다, 갈다

불규칙 활용

어간이 바뀌는 경우

'ㅅ' 불규칙	짓다, 잇다
'ㅂ' 불규칙	돕다, 눕다, 곤혹스럽다, 여쭙다, 서럽다
'ㄷ' 불규칙	듣다, 걷다, 붇다
'르' 불규칙	오르다, 구르다, 빠르다
'우' 불규칙	푸다

어미가 바뀌는 경우

'여' 불규칙	하- + -아/-어 → 하여
'러' 불규칙	• 푸르- + -어 → 푸르러　• 노르- + -어 → 노르러 • 이르[至]- + -어 → 이르러　• 누르- + -어 → 누르러
'오' 불규칙	달- + -아라 → 달오 → 다오

노르-: 달걀 노른자의 빛깔과 같이 밝고 선명하다.
누르-: 황금이나 놋쇠의 빛깔과 같이 밝고 탁하다.

어간과 어미가 모두 바뀌는 경우

'ㅎ' 불규칙	• 파랗- + -아 = 파래　• 하얗- + -아 = 하얘 • 퍼렇- + -어 = 퍼레　• 허옇- + -어 = 허예

민숙쌤의 개념 PLUS⁺

'붇다'의 'ㄷ' 불규칙 활용
붇다, 불어, 불으니, 붇는

• 분량이나 수효가 많아지다.
  예 • 재산이 붇다.
     • 강물이 붇다.
     • 재산이 붇기 시작하다.
• 물에 젖어서 부피가 커지다.
  예 • 라면이 붇다.
     • 라면이 붇기 시작하다.
     • 라면이 불으면 맛이 없다.
     (붇- + -으면)
• 살이 찌다.
  예 식욕이 왕성하여 몸이 많이 불었다.

민숙쌤의 개념 PLUS⁺

'ㅎ' 불규칙 더 알아두기

어간 + 어미 '-은'	• 파랗- + -은 = 파란 • 하얗- + -은 = 하얀 • 퍼렇- + -은 = 퍼런 • 허옇- + -은 = 허연
어간 + 어미 '-네'	• 노랗- + -네 　= 노라네/노랗네 • 동그랗- + -네 　= 동그라네/동그랗네 • 조그맣- + -네 　= 조그마네/조그맣네

민숙쌤의 개념 PLUS⁺

용언의 활용 연습하기

다음 중 활용 양상이 가장 이질적인 것은?
① 김치를 담가서 집에 가져다 줄게.
② 이곳에서도 장미꽃을 파니?
③ 삶이 아름답고 편안하게 느껴져.
④ 오늘 날씨에 겨울 옷을 입고 가더라.

답 ③ 불규칙 활용('ㅂ' 불규칙) ①②④ 규칙 활용

06 품사의 구분

5. 수식언

관형사	체언을 꾸며 주는 단어

성상 관형사	새 책, 헌 책, 첫 직장, 온갖 사물, 옛 모습, 모든 사람, 웬 떡, 무슨 말, 갖은 고생
지시 관형사	이 사람, 그 책, 저 교장 선생님
수 관형사	배 세 척, 사과 네 개

심화 PLUS+

여러 관형사의 품사 통용

형태	쓰임		예
갖은	갖가지의 또는 온갖		어머니께서 갖은 음식을 준비하셨다.
딴	관형사	관계없이 다른	딴 생각 하지 말고 시험에만 집중해라.
	명사	자기 나름대로의 생각	내 딴에는
매	하나하나의 모든		이 약은 매 끼니마다 함께 챙겨 먹어야 한다.
뭇	여러 또는 많은		뭇 학생들의 말은 신경 쓰지 마라.
별	관형사	보통과 다르게 두드러진	별 희한한 일을 다 보겠네.
	접미사	그것에 따른	능력별, 계층별
약(約)	대강, 대략		그때 버스에는 약 스무 명 정도의 사람이 타고 있었다.
아무	관형사		나는 그 일에 대해 아무 불만도 없다. 아무 일도 없다.
	대명사		집에 아무도 없다.
여느 (여늬 ×)	보통의		영수는 여느 아이들과는 다르게 참 똑똑하고 눈치가 빨라.
온갖	이런저런 여러가지의		놀부는 온갖 나쁜 짓을 도맡아 한다.
온	전체의, 또는 전부의		봄이 오니 온 천지에 꽃이 피었다.
외딴	떨어져 있는		그 산 속에는 아무도 모르는 외딴 마을이 있다.
그딴	그따위의		그딴 헛수작으로 날 꾀어내려 하지 말아라.

대명사 '아무것'
- 단어 형성: 아무(관형사)+것(명사) → 아무것(통사적 합성어)
- 품사: 대명사

'만하다'의 형태
- 어간 + 관형사형 전성 어미 (-(으)ㄴ, -(으)ㄹ, -는, -던)
  예
  - 화낼 만도 하다. (의존 명사)
  - 먹을 만은 하다. (의존 명사)
  - 비가 올 만하다. (보조 형용사)
  - 화낼 만하다. (의존 명사)
- 체언 + 만∨하다
  예
  - 수박만∨하다
  - 수박만∨한 (보조사)

그따위	관형사 +조사 ×	(낮잡는 뜻으로) 그러한 부류의	그따위 말버릇을 어디서 배웠니?
	대명사 +조사 ○	그러한 부류의 대상을 낮잡아 이르는 말	그따위를 상대하다니.
요까짓/ 이까짓/ 그까짓/ 저까짓		겨우 요 정도밖에 안 되는 (-까짓: 접미사)	• 요까짓 일을 가지고 그렇게 화를 낸 거였어? • 이까짓 것을.
어느		여럿 가운데의 어떤	네가 좋아한다는 사람이 저 중 어느 사람이니?
몇	관형사 +조사 ×	확실하지 아니한 수효를 말할 때	나가서 사과를 몇 개만 사 오너라.
	수사 +조사 ○	그리 많지 않은 수, 잘 모르는 수를 말할 때	아이들 몇이 더 왔다. 나이가 몇이고 형제가 몇이냐?
여러		수효가 많은	그녀는 여러 나라를 돌아다니며 여행했다.
모든		빠짐이나 남김이 없어 전부의	선생님은 반의 모든 아이들에게 사탕을 나눠 주었다.
오랜		동안이 오래된	그녀는 나의 오랜 친구이자 연인이었다.
옛		지나간 때의	경주에 가면 우리 옛 조상들의 흔적을 볼 수 있다.
허튼		쓸데없이 헤프거나 막된	그 사람이 농담은 하지만 허튼 말은 하지 않는다.
한다하는		수준이나 실력 따위가 상당하다고 자처하거나 그렇게 인정받는	그 사람은 서울에서도 한다하는 집안에서 자랐다.

 심화 PLUS⁺

'모두'의 품사 통용

- 명사: 일정한 수효나 양을 기준으로 하여 빠짐이나 넘침이 없는 전체
  예 식구 모두가 여행을 떠났다.
       조사 ○

- 부사: 일정한 수효나 양을 빠짐없이 다
  예 그릇에 담긴 소금을 모두 쏟았다.
                          조사 ×

06 품사의 구분

부사 주로 **용언을 수식**(활용하지 않음)

- 성분 부사

성상 부사	• 아주, 매우, 너무, 가장, 몹시 • 상징 부사(의성어, 의태어): 철썩철썩, 깡충깡충, 흔들흔들, 헐떡헐떡, 촐랑촐랑, 방글방글	
지시 부사	이리, 그리, 저리	
부정 부사	• 안 일어났다. • 못 일어났다.	

- 문장 부사

양태 부사	과연, 설마, 제발, 결코, 아마 등	예 과연 솜씨가 훌륭해!
접속 부사	그리고, 그러나, 즉, 곧, 또는, 및 등	예 그리고 배를 탔다.

6. 독립언

감탄사

감정	아, 아차, 아하, 아이코 등	예 아, 세월이 빠르구나.
의지	자, 에라, 글쎄, 천만에 등	예 자, 이제 그만 가자.
호응	여보, 여보세요, 예, 그래 등	예 예, 저요?
입버릇	뭐, 아, 저, 응 등	예 뭐, 난 여기 못 올 덴가.
답변	네, 아니요	예 네, 부르셨습니까?

민숙쌤의 개념 PLUS⁺

부정 부사와 부정의 보조 용언
- 안 좋다: 부사
- 못 입다: 부사
- 좋지 않다: 보조 형용사
- 입지 못하다: 보조 동사

민숙쌤의 개념 PLUS⁺

부사의 수식
- 용언 수식
  예 • 그는 매우 착하다.
     • 우리 반에서 키가 가장 큰 아이는 준수다.
- 관형사 수식
  예 아주 새 것
- 부사 수식
  예 매우 자주 다닌다.
- 문장 수식
  예 제발 비가 왔으면 좋겠다.
- 체언 수식
  예 바로 옆집에 삼촌이 사신다.

⊕ 군무원 기출 PLUS⁺

밑줄 친 단어가 수식하는 대상이 무엇인지 쓰시오. 24년 9급

01 설마 학교에 가지 않은 건 아니지?
( )

02 차가 빨리 달린다.
( )

03 공을 멀리 던졌다.
( )

04 책이 가지런히 놓여 있다.
( )

[정답]
01 문장 전체 02 달린다
03 던졌다   04 놓여 있다

7. 품사의 통용

대로, 만큼, 뿐

- 어간 + 관형사형 전성 어미(-(으)ㄴ, -(으)ㄹ, -는, -던) + 대로, 만큼, 뿐(의존 명사)
  - 예
    - 집에 도착하는 대로 편지를 쓰다.
    - 들어오는 대로 전화 좀 해 달라고 전해 주세요.
    - 나도 참을 만큼 참았다.
    - 할 만큼 했다.
    - 그는 미소만 지을 뿐이었다.

- 체언 + 대로, 만큼, 뿐(조사)
  - 예
    - 큰 것은 큰 것대로 따로 모아 두다.
    - 네 생각대로 일을 처리하면 안 된다.
    - 나도 그 사람만큼 할 수 있다.
    - 집뿐만 아니라 회사에서도 그런다.

심화 PLUS⁺

'뿐'의 품사 통용

구분	형식	예
의존 명사	관형어 뒤	시키는 대로 할 뿐이다.
	'-다 뿐이지' 구성	• 시간만 보냈다 뿐이지 한 일은 없다. • 칼만 안 들었다 뿐이지 순 날강도다.
어미	'-ㄹ뿐더러' 구성	그는 일을 잘할뿐더러 성격도 좋다.
조사	체언 뒤	그래야 우리는 다섯뿐이다.

양, 체, 척, 법, 만, 듯

- 관형어(관형사, 어간 + 관형사형 전성 어미 등) + 양, 체, 척, 법, 만, 듯(의존 명사)
  - 예 애써 태연한 체 길을 걸었다. / 태연한 척을 하다.

- 용언 + 양하다(보조 동사, 보조 형용사)
  - 예
    - 그 사람은 아무것도 모르는 양하며(보조 동사) 시치미를 뗐다.
    - 그는 이미 집에 간 양하다(보조 형용사).

- 용언 + 체하다, 척하다(보조 동사)
  - 예 모르는 사람이 나와 친한 척한다. / 태연한 척하다.

- 용언 + 법하다, 만하다, 듯하다(보조 형용사)
  - 예 그 일은 할 법하다. / 비가 올 듯하다.

군무원 기출 PLUS⁺

밑줄 친 단어의 품사를 쓰시오
25년 9급

01 푸른 하늘에 하얀 구름이 떠간다.
02 하늘은 푸르고 구름은 하얗다.
03 그 애는 열을 배우면 백을 안다.
04 열 사람이 백 말을 한다.
05 철수가 얻은 만큼이 얼마이고 영수가 잃은 만큼이 얼마인지 알아보자
06 오늘 우리는 그 팀들이 할 만큼만 하고, 내일은 저 팀들이 할 만큼만 하면 된다.

[정답]
01 형용사   02 형용사
03 수사   04 관형사
05 의존 명사 06 의존 명사

심화 PLUS⁺

'만/듯하다'의 쓰임

- 체언 + 만∨하다
  - 예 땅콩만(조사)∨하다.
- 어간 + 듯∨하다
  - 예 죽 끓듯(어미)∨하다.

06 품사의 구분

이, 그, 저

구분	형식	예
대명사	조사와 결합	그는 착한 사람이다.
관형사	체언을 수식	그 사람은 착하다.

수

구분	형식	예
수사	조사와 결합	여기 모인 사람은 모두 여덟이다.
관형사	체언을 수식	여덟 사람이 모여 농구를 했다.

같이

구분	형식	예
조사	체언과 결합	꽃같이(like, 처럼) 예쁘다.(비유)
부사	용언을 수식	이번 여행은 여자 친구와 같이(together) 가기로 했다.

보다

구분	형식	예
조사	체언과 결합	나는 누구보다(than) 동생에 대해 잘 안다.(비교)
부사	용언을 수식	보다(한층 더) 나은 내일을 위해 노력하라.

-적

구분	형식	예
명사	-적 + 조사	• 그는 이지적이다. • 한국적인 분위기 • 김홍도의 그림은 한국적이다.
관형사	-적 + 명사	• 그는 이지적 인간이다. • 이 그림은 한국적 정서가 물씬 풍긴다.
부사	-적 + 용언	• 가급적 쉽게 문제를 출제하라. • 우리나라의 출산율은 비교적 낮은 편이다. 　[참고] 비교적 교통이 편리한 곳에 사무실이 있다.

지

구분	의미	예
의존 명사	시간의 흐름, 경과 ○	• 내가 너를 만난 지 일 년이 되었구나. • 그와 헤어진 지 오래되었다.
어미	시간의 흐름, 경과 ×	• 몇 시에 도착할지 알 수가 없다. • 그 일을 할지 말지 고민이다. • 그가 뭐라 말할지 기대된다.

어미 '-ㄹ지'

만

구분	형식	예
의존 명사	관형어 뒤	그가 화낼 만도 하다.
	시간의 경과 뒤	그는 사흘 만에 돌아왔다.
	횟수 뒤	나는 세 번 만에 그 시험에 합격했다.
보조사	시간의 경과가 아닌 체언 뒤	집채만 한 파도가 몰려왔다.

다른

구분	의미	예
관형사(他)	나머지(서술성 ×)	이것 말고 다른 물건을 보여 주세요.
형용사(異)	같지 않다(서술성 ○)	나는 동생과 성격이 다른 사람이다.

06 품사의 구분

군무원 빈출 포인트 연습 문제

[01~25] 밑줄 친 단어의 품사를 쓰시오.

01 너<u>만</u> 와라.

02 정치, 경제 <u>및</u> 문화

03 얼굴도 볼 <u>겸</u> 내일 만나자.

04 그래야 우리는 다섯<u>뿐</u>이다.

05 그녀는 웃을 <u>뿐</u> 말이 없었다.

06 철수는 떡국을 떠먹어 <u>보았다</u>.

07 그곳은 <u>비교적</u> 교통이 편하다.

08 개나리꽃이 <u>흐드러지게</u> 핀 교정

09 나도 좋은 시를 많이 읽고 <u>싶다</u>.

10 <u>여러</u> 나라가 올림픽에 참가했다.

11 <u>보다</u> 나은 내일을 위해 노력해라.

12 그곳에서 <u>갖은</u> 고생을 다 겪었다.

13 인천으로 갔다. <u>그리고</u> 배를 탔다.

14 노인들은 꽃나무를 잘들 <u>키우신다</u>.

15 <u>아니</u>, 이럴 수가 있단 말인가?

16 학교<u>에서</u> 재미있는 노래를 배웠어요.

17 <u>모든</u> 권세를 버리고 산으로 들어갔다.

18 노장은 결코 <u>늙지</u> 않는다는 말이 있다.

19 그 가방에 소설책 <u>한</u> 권이 들어 있었다.

20 타율에 관한 <u>한</u> 독보적인 기록도 깨졌다.

21 바람이 <u>가볍게</u> 부는 날씨에 기분 좋았다.

22 소인은 없이 사는 것을 <u>부끄럽게</u> 여긴다.

23 친구 <u>외</u>에는 다른 사람에게 항상 못되게 군다.

24 남부 지방에 홍수가 <u>나서</u> 많은 수재민이 생겼다.

25 그 사람이 농담은 하지만 <u>허튼</u> 말은 하지 않는다.

정답

01 조사	14 동사
02 부사	15 감탄사
03 의존 명사	16 조사
04 조사	17 관형사
05 의존 명사	18 동사
06 동사	19 관형사
07 부사	20 명사
08 형용사	21 형용사
09 형용사	22 형용사
10 관형사	23 의존 명사
11 부사	24 동사
12 관형사	25 관형사
13 부사	

[26~35] 밑줄 친 단어를 동사/형용사로 구분하시오.

26 오늘은 비가 올 <u>듯하다</u>.
27 나는 오늘 집에 <u>있는다</u>.
28 비 온 뒤에 땅이 <u>굳는</u> 법이다.
29 내일 날이 <u>밝는</u> 대로 떠나겠다.
30 아이가 <u>크면서</u> 점점 총명해졌다.
31 노력했지만 아직 부족함이 <u>많다</u>.
32 박사는 이제 그를 조수로 <u>삼았네</u>.
33 몸이 <u>아픈</u> 사람은 교실에 남아 있었다.
34 새해에는 으레 <u>새로운</u> 마음이 생기기 마련이다.
35 상대에게 자유를 주는 것이 진정한 사랑이 <u>아닐까</u>?

[36~49] 밑줄 친 단어의 품사를 쓰시오.

36 <u>이</u> 사과가 맛있게 생겼다.
37 <u>이</u>보다 더 좋을 수는 없다.
38 나도 참을 <u>만큼</u> 참았다.
39 나도 그 사람<u>만큼</u> 할 수 있다.
40 눈이 그칠 때까지 가만히 <u>있어라</u>.
41 할아버지는 재산이 많이 <u>있으시다</u>.
42 <u>열</u> 사람이 백 말을 한다.
43 그 아이는 <u>열</u>을 배우면 백을 안다.
44 집에 도착하는 <u>대로</u> 편지를 쓰다.
45 큰 것은 큰 것<u>대로</u> 따로 모아 두다.
46 김홍도의 그림은 <u>한국적</u>이다.
47 이 그림은 <u>한국적</u> 정취가 물씬 풍긴다.
48 이것 말고 <u>다른</u> 물건을 보여 주세요.
49 질소는 산소와 성질이 <u>다른</u> 원소이다.

정답

26 형용사	38 의존 명사
27 동사	39 조사
28 동사	40 동사
29 동사	41 형용사
30 동사	42 관형사
31 형용사	43 수사
32 동사	44 의존 명사
33 형용사	45 조사
34 형용사	46 명사
35 형용사	47 관형사
36 관형사	48 관형사
37 대명사	49 형용사

I. 현대 문법

07 문장 성분

1. 주성분

주어, 목적어, 보어, 서술어

구분	개념	형식	예
주어	서술어가 나타내는 동작 또는 상태나 성질의 주체가 되는 문장 성분	체언 + 주격 조사	철수가 집에 가다.
		체언 + 보조사	철수는 집에 가다.
목적어	타동사로 된 서술어의 동작이나 행동의 대상이 되는 문장 성분	체언/체언 구실을 하는 구나 절 + 목적격 조사	철수가 과자를 먹는다.
		체언 + 보조사	철수가 과자는 먹는다.
보어	서술어 '되다', '아니다'의 필수 성분이며, 서술어의 의미를 보충해 주는 구실을 하는 문장 성분	체언 + 보격 조사	철수가 경찰이 아니다.
		체언 + 보조사	철수가 경찰은 아니다.
서술어	주어의 동작 또는 상태나 성질을 서술하는 문장 성분	체언 + 서술격 조사 '이다' + 종결 어미/ 연결 어미	그녀는 학생이다.
		용언(어간 + 종결 어미, 어간 + 연결 어미)	빵을 먹다.
		본용언 + 보조 용언	• 사탕을 먹어 버렸다. • 사탕을 먹고 싶다.

서술어의 자릿수
서술어의 성격에 따라 필수적으로 요구되는 문장 성분의 수
└ 주어, 목적어, 보어, (필수적) 부사어

- 한 자리 서술어: 주어 + 서술어
- 두 자리 서술어: 주어 + 목적어/보어/부사어 + 서술어
  예 • 예쁜 그녀는 많은 책을 빠르게 읽었다.
  • 영수가 도서관에서 책을 읽었다.
  • 멋진 그는 의사가 되었다.
  • 그것은 이것과 같다.
- 세 자리 서술어: 주어 + 부사어 + 목적어 + 서술어
  예 할머니께서 우리들에게 과자를 주셨다.

 민숙쌤의 개념 PLUS⁺

격 조사를 생략하고 보조사를 사용한 형태

예 • 철수가 피자를 먹었다.
→ 철수도 피자만 먹었다.
• 물이 얼음이 되었다.
→ 물만 얼음이 되었다.

군무원 기출 PLUS⁺

밑줄 친 부분의 문장 성분을 쓰시오.
13년 9급

01 철수는 사과도 좋아해.
(   )

02 영희는 가수가 되었다.
(   )

03 철수는 영희에게 선물을 주었다.
(   )

04 할아버지께서 영희를 좋아하신다.
(   )

[정답]
01 목적어   02 보어
03 부사어   04 주어

군무원 기출 PLUS⁺

다음 문장의 서술어 자릿수를 쓰시오.
25년 9급

01 눈이 한없이 내린다.
(   )

02 경미가 입김을 분다.
(   )

03 눈이 비로 변한다.
(   )

04 영수가 어른이 되었다.
(   )

[정답]
01 한 자리   02 두 자리
03 두 자리   04 두 자리

2. 부속 성분

관형어, 부사어

구분	개념	형식	예
관형어	주어, 목적어, 보어를 수식하는 문장 성분	체언 + 관형격 조사 '의'	지금도 나는 어머니의 말씀이 기억난다.
		관형사	새 책, 옛 모습, 첫 학기, 웬 떡, 모든 사람, 갖은 음식
		용언 어간 + 관형사형 전성 어미	5월에 예쁜 꽃을 보러 가자.
부사어	용언, 관형어, 부사어, 문장 전체를 수식하는 문장 성분	체언 + 부사격 조사	• 집으로 가자. • 강에서 놀자.
		부사	• 그 학생이 아주 새 사람이 되었더라. • 설마 그럴 리가 있겠어?
		용언 어간 + 부사형 전성 어미	꽃이 곱게 피었다.

필수적 부사어 서술어로 쓰인 용언의 특성에 따라 필수적으로 요구되는 부사어로, 요구되는 부사어는 <mark>용언의 특성에 따라 다름</mark>

— 부사어(체언 + 와/과) + 같다, 다르다, 닮다 예 예지는 어머니와 닮았다.
— 부사어(체언 +(으)로) + 삼다, 변하다 예 부인은 청아를 양녀로 삼았다.
— 부사어(체언 + 에/에게) + 넣다, 두다, 다가서다 예 영희는 편지를 우체통에 넣었다.
— 부사어(체언 + 에게) + 수여 동사(주다, 보내다 등)
   예 • 그가 그녀에게 책을 주었다.
      • 할아버지는 손자들에게 용돈을 주셨다.
— 부사어(어간 + -게) + 생기다 예 그녀는 예쁘게 생겼다.
— 부사어(어간 + -게) + 굴다 예 철수가 비겁하게 굴다.

민숙쌤의 개념 PLUS⁺

문장 성분과 품사 구분하기

예	문장 성분	품사
매우 예쁘다	1)	2)
온갖 꽃	3)	4)
예쁜(예쁘- + -ㄴ) 꽃	5)	6)
멋진(멋지- + -ㄴ) 사나이	7)	8)
맛있는(맛있- + -는) 음식	9)	10)
먹던(먹- + -던) 약	11)	12)
빠른(빠르- + -ㄴ) 기차	13)	14)
기차가 빠르게(빠르- + -게) 달리다.	15)	16)
기차가 빠르다(빠르- + -다)	17)	18)

답 1) 부사어 2) 부사 3) 관형어
   4) 관형사 5) 관형어 6) 형용사
   7) 관형어 8) 형용사 9) 관형어
   10) 형용사 11) 관형어 12) 동사
   13) 관형어 14) 형용사 15) 부사어
   16) 형용사 17) 서술어 18) 형용사

07 문장 성분

3. 독립 성분

구분	개념	형식	예
독립어	다른 성분들과 관련 없는 문장 성분	체언 + 호격 조사(아/야/이여)	철수야.
		감탄사	아야!
		제시하는 말(표제어) └ 조사 결합하지 않은 명사가 문장 맨 앞에 제시될 때	청춘, 이것은 듣기만 하여도 가슴 설레는 말이다.
		명령, 의지의 단어가 하나의 문장을 이룰 때	조용! / 어서! / 싫어! / 차렷!

08. 단어의 형성

1. 어근과 접사

어근 단어에서 **실질적인 의미**를 나타내는 부분 예 풋<u>나물</u>

접사 어근에 결합해 특정한 **뜻을 더하는** 부분 예 <u>풋</u>고추, 선생<u>님</u>

위치에 따라	접두사	풋 + 사랑, 맨 + 손, 시 + 누이, 건 + 어물
	접미사	멋 + 쟁이, 선생 + 질, 선생 + 님
기능에 따라	한정적 접사	풋(접두사) + 사과(명사) → 풋사과(파생어, 명사)
	지배적 접사	정(명사) + 답다(접미사) → 정답다(파생어, 형용사)

'접사' 더 알아두기
- 접두사: 실질적 의미(어근) 앞에 결합
- 접미사: 실질적 의미(어근) 뒤에 결합
- 한정적 접사: 실질적 의미와 결합, 품사를 바꾸지 않음
- 지배적 접사: 실질적 의미와 결합, 품사를 바꿈

2. 단일어와 복합어

단어
- **단일어**: 하나의 어근만으로 이루어진 단어 예 꽃, 산, 하늘
- **복합어**
  - **파생어**
    - 접두사 + 어근 예 개 + 떡 → 개떡
    - 어근 + 접미사 예 넓 + 이 → 넓이
  - **합성어**: 어근 + 어근 예 돌 + 다리 → 돌다리

민숙쌤의 개념 PLUS⁺

접사의 특징
① 같은 형태여도 의미가 다른 접사이거나 어근일 수 있음
  예 • 개: <u>개</u>고기(합성어), <u>개</u>떡(파생어), <u>개</u>꿈(파생어), <u>개</u>망나니(파생어)
   • 불: <u>불</u>장난(합성어), <u>불</u>개미(파생어), <u>불</u>곰(파생어), <u>불</u>호령(파생어)
   • 군: <u>군</u>밤(합성어), <u>군</u>고구마(합성어), <u>군</u>식구(파생어), <u>군</u>살(파생어)

② 어휘의 기본적인 의미와 다른 경우가 많음
③ 접사는 실질 형태소에 붙여 씀
④ 제한적인 어근과 결합함

심화 PLUS⁺

어근 구분하기
1. 돌배
2. 강밥
3. 멋쟁이
4. 노름질
5. 복스럽다
6. 새롭다
7. 지우개
8. 영원히
9. 조용히

답 1. 배 2. 밥 3. 멋
   4. 놀- 5. 복 6. 새
   7. 지우- 8. 영원 9. 조용

08 단어의 형성

파생어 어근과 접사가 결합하여 이루어진 단어

- **접두 파생법**

접두사	의미	예
개-	야생 상태의, 질이 떨어지는	개살구, 개먹, 개떡
	헛된, 쓸데없는	개꿈, 개죽음, 개수작
	정도가 심한	개망나니, 개잡놈
군-	쓸데없는	군말, 군불, 군살, 군기침, 군소리 [참고] • 군말: 하지 않아도 좋을 쓸데없는 군더더기 말 • 군불: 음식을 하기 위해서가 아니라 오로지 방을 덥히려고 아궁이에 때는 불 • 군기침: 인기척을 내거나 목청을 가다듬거나 하기 위하여 일부러 기침함. 또는 그렇게 하는 기침 • 군소리: 1. 하지 아니하여도 좋을 쓸데없는 말 2. 잠이 들었을 때 꿈결에 하는 말 3. 몹시 앓을 때 정신없이 하는 말
	가외로 더한, 덧붙은	군식구, 군사람
덧-	거듭된, 겹쳐 신거나 입은	덧니, 덧버선, 덧신, 덧저고리
돌-	품질이 떨어지는, 야생으로 자라는	돌배, 돌미나리, 돌감, 돌조개 [참고] 돌미나리: 논이나 개천 따위의 습지에서 자라는 야생 미나리
막-7	거친, 품질이 낮은	막고무신, 막과자, 막국수, 막소주
	닥치는 대로 하는	막일, 막노동, 막말
막-8	마지막	막차, 막판
알-	겉을 덮어 싼 것이나 딸린 것을 다 제거한	알감, 알몸, 알바늘, 알밤 [참고] • 알감: 잎이 다 떨어진 가지에 달린 감 • 알바늘: 실을 꿰지 않은 바늘
	작은	알바가지, 알요강, 알항아리
	진짜, 알짜	알가난, 알건달, 알거지, 알부자 [참고] 알부자: 겉보다는 실속이 있는 부자
엿-	몰래	엿보다, 엿듣다, 엿살피다
제(第)-	그 숫자에 해당되는 차례	제일, 제이, 제삼, 제3 장, 제삼 장
짓-	마구, 함부로, 몹시	짓개다, 짓누르다, 짓밟다
	심한	짓고생, 짓망신 [참고] 짓고생: 아주 심한 고생
풋-	처음 나온, 덜 익은	풋고추, 풋나물, 풋감, 풋과실, 풋사과
	미숙한, 깊지 않은	풋사랑, 풋잠, 풋내기

군무원 기출 PLUS+

다음 파생어의 접사를 쓰시오.
19년 9급 (12월)

01 풋고추 ( )
02 시뻘겋다 ( )
03 덧붙이다 ( )

[정답]
01 풋- 02 시- 03 덧-

한-¹³	큰	한길, 한시름, 한걱정
	정확한, 한창인	한겨울, 한밤중, 한여름, 한가운데, 한낮
한-¹⁴	바깥	한데 ┬ 한 + 밤중(밤 + 중)
	끼니때 밖	한음식, 한저녁, 한점심 [참고] 한음식: 끼니때가 아닌 때에 차린 음식
홀-	짝이 없이 혼자뿐인	홀아비, 홀시아버지, 홀몸, 홀어머니 [참고] 홀몸: 배우자나 형제가 없는 사람
홑-	한 겹으로 된, 하나인, 혼자인	홑이불, 홑몸, 홑바지 [참고] 홑몸: 1. 딸린 사람이 없는 혼자의 몸 　　　　　2. 아이를 배지 아니한 몸

 민숙쌤의 개념 PLUS⁺

파생어/합성어 둘 다 인정되는 단어

늦더위, 늦잠, 설익다, 맛나다

 심화 PLUS⁺

그 밖의 접두사

구분	의미	예
설-	충분하지 못하게	설듣다, 설보다, 설익다, 설마르다
수-	새끼를 배지 않거나 열매를 맺지 않는 (양, 염소, 쥐 제외)	수컷, 수탉, 수캐, 수탕나귀, 수퇘지
	(짝이 있는 사물에서) 길게 튀어나온 모양의, 안쪽에 들어가는, 잘 보이는	수나사, 수키와, 수톨쩌귀 [참고] • 수키와: 두 암키와 사이를 엎어 잇는 기와 　　　• 수톨쩌귀: 문짝에 박아서 문설주에 있는 암톨쩌귀에 꽂게 되어 있는, 뾰족한 촉이 달린 돌쩌귀
시-/싯-	매우 짙고 선명하게	시꺼멓다, 시뻘겋다, 싯누렇다, 싯멀겋다
암-	새끼를 배거나 열매를 맺는	암꽃, 암놈, 암캐, 암컷, 암탉, 암평아리
	'오목한 형태를 가진' 또는 '상대적으로 약한'	암나사, 암단추, 암키와, 암톨쩌귀

 심화 PLUS⁺

'늦-'이 결합한 단어

'늦-'이 결합한 단어는 관점에 따라 파생어 또는 합성어로 볼 수 있음

• 접두사 + 명사 → 파생어
• 어간 + 명사 → 비통사적 합성어

 심화 PLUS⁺

'날-'과 '길-'이 결합한 단어

• 날고기(파생어): 말리거나 익히거나 가공하지 아니한 고기

• 날짐승(합성어): 날아다니는 짐승을 통틀어 이르는 말

• 길짐승(합성어): 기어다니는 짐승을 통틀어 이르는 말

08 단어의 형성

- **접미 파생법**(어근 + **한정적 접미사**)

접미사	의미	예
-가(家)	그것을 전문적으로 하는 사람, 그것을 직업으로 하는 사람	건축가, 교육가, 문학가
	그것에 능한 사람	외교가, 이론가, 전략가
	그것을 많이 가진 사람	자본가, 장서가, 재산가
	그 특성을 지닌 사람	대식가, 명망가, 노력가 [참고] 명망가: 명망이 높은 사람
-간	동안	이틀간
	장소	대장간, 마구간, 외양간
-꾼	어떤 일을 전문적으로 하는 사람, 어떤 일을 잘하는 사람	장사꾼, 일꾼, 소리꾼, 심부름꾼
	어떤 일을 습관적으로 하는 사람, 어떤 일을 즐겨 하는 사람	노름꾼, 낚시꾼, 잔소리꾼, 난봉꾼
-내기	그 지역에서 태어나고 자라서 그 지역 특성을 지니고 있는 사람	서울내기, 시골내기
	그런 특성을 지닌 사람	신출내기, 풋내기
-님	높임	사장님, 총장님, 선생님
	그 대상을 인격화하여 높임	달님, 해님
-다랗다	그 정도가 꽤 뚜렷함	가느다랗다, 커다랗다, 굵다랗다, 잗다랗다, 높다랗다
-들	복수(複數)	나무들, 학생들, 너희들, 우리들
-뜨리다, -트리다	강조	넘어뜨리다, 떨어트리다, 깨뜨리다, 밀어뜨리다
-박이	무엇이 박혀 있는 사람, 짐승, 물건	점박이, 차돌박이, 오이소박이
-장이	그것과 관련된 기술을 가진 사람	미장이, 대장장이
-쟁이	그것이 나타내는 속성을 많이 가진 사람	겁쟁이, 멋쟁이, 점쟁이
-질	그 도구를 가지고 하는 일	가위질, 부채질, 낚시질
	그 신체 부위를 이용한 어떤 행위	곁눈질, 손가락질
	직업이나 직책을 비하	선생질
	좋지 않은 행위를 비하	계집질, 노름질

심화 PLUS⁺

주의해야 할 파생어와 합성어
- 곁눈질: 곁눈(명사) + -질(접미사) → 파생어
- 회덮밥: 회(명사) + 덮밥(명사) → 통사적 합성어

심화 PLUS⁺

그 밖의 한정적 접미사

구분	의미	예
-꾸러기	그것이 심하거나 많은 사람	장난꾸러기, 욕심꾸러기
-장이	그것과 관련된 기술을 가진 사람	미장이, 대장장이
-쟁이	그것이 나타내는 속성을 많이 가진 사람	겁쟁이, 멋쟁이, 점쟁이
-째¹	그대로, 전부	통째, 송두리째
-째²	차례, 등급	두 잔째, 둘째, 여덟 바퀴째
	동안	사흘째, 며칠째, 다섯 달째
-보²²	그것을 특성으로 지닌 사람 (한정적 접미사)	꾀보: 꾀(명사)+-보(한정적 접미사) → 꾀보(명사), 잠보, 싸움보, 겁보
	그러한 행위를 특성으로 지닌 사람 (지배적 접미사)	먹보: 먹(동사)+-보(지배적 접미사) → 먹보(명사), 울보
	그러한 특징을 지닌 사람	뚱뚱보
-치-	강조	닫치다, 밀치다

민숙쌤의 개념 PLUS⁺

접미사 '-치-' 더 알아두기

'-치-'를 제외해도 단어가 성립하면 이때의 '-치-'는 '강조'의 뜻을 더하는 접미사

[예]
- 철수가 나를 밀다(O)
  → 철수가 나를 밀치다(O)
- 철수가 문을 닫다(O)
  → 철수가 문을 닫치다(O)

[참고] 문이 바람에 닫다(×)
→ 바람에 문이 닫치다(×)
→ 문이 바람에 닫히다(O)
→ '문이 바람에 닫다'는 자연스럽지 않으므로, '닫치다'를 사용할 수 없다. 따라서 이때에는 피동 접미사 '-히-'가 결합한 '닫히다'를 써야 한다.

08 단어의 형성

- **접미 파생법**(어근 + **지배적 접미사**)

  - **형용사 파생** ─ ㅡ답다, ㅡ롭다, ㅡ스럽다
    - **-답다**: 정답다, 너답다
      - 예 부부가 서로를 정답게 바라본다.
    - **-롭다**: 신비롭다, 명예롭다
      - 예 그의 모습은 언제 봐도 신비롭다.
    - **-스럽다**: 복스럽다, 자랑스럽다
      - 예 아이는 복스럽다. / 나는 그가 자랑스럽다.

  - **동사 파생** ─ ㅡ거리다, ㅡ당하다, ㅡ시키다, ㅡ이다
    - **-거리다**: 반짝거리다, 출렁거리다
      - 예 그 별이 반짝거리다.
    - **-당하다**: 거절당하다, 이용당하다
      - 예 그의 애정 고백은 무참히 거절당했다.
    - **-시키다**: 교육시키다, 등록시키다
      - 예 그는 아들들을 외국에서 교육시켰다.
    - **-이다**: 반짝이다, 끄덕이다, 망설이다, 속삭이다, 움직이다, 출렁이다
      - └ 체언 등에 결합하는 서술격 조사 '이다'와 구분   예 학생이다, 경찰이다

  - **관형사 파생** ─ ㅡ까짓
    - **-까짓**: 이까짓, 그까짓, 저까짓
      - 예 이까짓 일을 가지고 뭘 그리 망설이니?

  - **부사 파생** ─ ㅡ히, ㅡ내, ㅡ씩
    - **-히**: 조용히, 영원히
      - 예 조용히 해라.
    - **-내**: 봄내, 여름내, 저녁내, 마침내, 끝내
      - 예 여름내 강이 말랐다.
    - **-씩**: 조금씩
      - 예 건강이 조금씩 회복되고 있다.

  - **명사 파생** ─ ㅡ개
    - **-개**: 날개, 덮개, 지우개   예 덮개가 너무 작다.

민숙쌤의 개념 PLUS⁺

서술격 조사 '이다'와 접미사 '-이다'의 구분

- 서술격 조사 '이다'('인다' ×): '이다'를 '인다'로 교체할 수 없으면 서술격 조사
  - 예 그는 학생이다(명사 + 서술격 조사) → 서술어
- 접미사 '-이다'('인다' ○): '이다'를 '인다'로 교체할 수 있으면 접미사
  - 예 별이 반짝이다(부사 + 접미사) → 서술어

주의해야 할 파생 접미사

- **-이**
  - 명사를 만듦: 길이, 높이, 먹이, 넓이 [예] 높이가 높다. / 먹이가 있다.
  - 부사를 만듦: 많이, 높이, 빨리 [예] 높이 날아라. / 빨리 일어나라.
    - 빠르- + -이

- **-하다**
  - 동사로 만듦: 공부하다, 덜컹덜컹하다, 빨리하다 [예] 학생들이 영어를 공부하다.
  - 형용사로 만듦: 건강하다, 듯하다 [예] 영희는 이제 건강하다.

- **-ㅁ, -음, -기** — 앞뒤로 같은 단어가 나올 때
  - 앞 단어: 명사 [예] 꿈을 꿈, 보기를 보기, 잠을 잠
  - 뒤 단어: 동사/형용사 [예] 꿈을 꿈, 보기를 보기, 잠을 잠
  - 앞말에 꾸미는 단어가 있을 때
    - 관형어가 수식: 명사 [예] 빠른 걸음
    - 부사어가 수식: 동사/형용사 [예] 빨리 달리기, 크게 웃음
  - 다른 명사 대체 가능 여부
    - 다른 명사로 대체 ○: 명사 [예] 그는 죽음을 각오하고 연구에 돌입했다. ('실패'로 대체 가능)
    - 다른 명사로 대체 ×: 동사/형용사 [예] 나는 그가 합격했음을 알았다. (다른 명사로 대체 ×)
  - 주어와의 호응 여부
    - 주어와의 호응 ×: 명사 [예] 조사원들이 기울기를 재다. (조사원들이 기울다(×))
    - 주어와의 호응 ○: 동사/형용사 [예] 나는 그의 말이 옳음을 깨달았다. (그의 말이 옳다(○))

- **-이-/-추-/-히-** (사동·피동 접미사) — 사동·피동 접미사가 붙어 품사가 바뀔 때
  - [예] • 건물이 높다.(형용사) → 건물의 높이를 높이다.(동사)
  - • 건물이 낮다.(형용사) → 건물의 높이를 낮추다.(동사)

민숙쌤의 개념 PLUS⁺
사동·피동 접미사가 붙어도 품사가 바뀌지 않는 경우 (지배적 접사 ×)

[예]
- 아이가 우유를 먹다.(동사)
  → 할머니께서 아이에게 우유를 먹이다.(동사)
- 경찰이 범인을 잡다.(동사)
  → 범인이 경찰에게 잡히다.(동사)

• 접미사가 붙어서 어근의 원형을 바꾸는 경우

-어리	귀머거리 (귀먹- + -어리)	-애	마개 (막- + -애)	-암	마감 (막- + -암)
-엄	무덤 (묻- + -엄), 주검 (죽- + -엄)	-아리	이파리 (잎 + -아리)	-아지	바가지 (박 + -아지)
-악서니	꼬락서니 (꼴 + -악서니)	-웅	지붕 (집 + -웅), 마중 (맞- + -웅)	-우	너무 (넘- + -우)
-으머리	끄트머리 (끝 + -으머리)	-	-	-	-

군무원 기출 PLUS⁺

파생어인 단어에 ○, 파생어가 아닌 단어에 × 표시하시오. 22년 9급

01 순수하다 ( )
02 탐스럽다 ( )
03 살펴보다 ( )
04 교육자답다 ( )

[정답]
01 ○   02 ○
03 × (합성어)   04 ○

08 단어의 형성

합성어 — 실질적 의미 + 실질적 의미

- 합성어의 **의미 범주에 따른 분류**
  - **대등 합성어**: 오가다, 팔다리
  - **종속 합성어**: 손수건, 책가방, 손수레
  - **융합 합성어**: 밤낮, 춘추, 피땀, 쑥밭
    - 항상 — 나이 — 노력 — 엉망
- 합성어의 형성 방법에 따른 분류
  - **통사적 합성어**: 국어의 일반적인 단어 배열과 일치 O

형성 방법		예
어간 + 어미 + 어간 + 어미		들어가다, 알아보다, 돌아가다, 돌아오다, 가져오다, 타고나다
명사 + 용언 (동사, 형용사)	주어(주격 조사) + 서술어	힘들다, 빛나다, 철들다, 손쉽다
	목적어(목적격 조사) + 서술어	본받다, 수놓다, 용쓰다
	부사어(부사격 조사) + 서술어	앞서다, 뒤서다, 남다르다
부사 + 동사, 형용사		그만두다, 잘생기다, 가로막다
관형사 + 명사		새해, 첫사랑, 웬일, 새언니
용언의 관형사형 + 명사		젊은이, 어린이, 작은집 ┘ 따로 살림하는 아들이나 아우, 작은아버지의 집
같은 품사	명사 + 명사	논밭, 기와집, 김치찌개, 회덮밥, 밤낮, 손목, 눈물, 할미꽃, 어깨동무, 얼룩소, 금지곡, 한자음, 핵폭발, 수족(手足), 연세(年歲) ┘ 한자어 명사 + 한자어 명사
	부사 + 부사	이리저리, 비틀비틀, 부슬부슬
	감탄사 + 감탄사	얼씨구절씨구

  - **비통사적 합성어**: 국어의 일반적인 단어 배열과 일치 X

형성 방법	예
어간 + 명사	덮밥, 접칼, 먹거리, 감발, 늦더위, 붉돔, 곶감
어간 + 어간 + 어미	검붉다, 짙푸르다, 보살피다, 오르내리다, 굶주리다, 굳세다, 높푸르다, 날뛰다, 돌보다
부사 + 명사	부슬비, 척척박사, 산들바람, 살짝곰보, 딱딱새
한자어 어순이 우리말과 다른 경우	독서(讀書), 등산(登山)

군무원 기출 PLUS⁺

다음 합성어의 형성 방법을 쓰시오.
20년 7급

01 불고기 ( )
02 부슬비 ( )
03 들어가다 ( )
04 높푸르다 ( )

[정답]
01 통사적 합성어 02 비통사적 합성어
03 통사적 합성어 04 비통사적 합성어

09 형태소

1. 형태소의 정의와 분류

형태소 : 최소 의미 단위, 더 나누면 뜻을 잃어버리는 가장 작은 말의 단위

- 자립성의 유무에 따라
  - **자립** 형태소 [예] 명사, 대명사, 수사, 관형사, 부사, 감탄사
  - **의존** 형태소 [예] 용언의 어간, 어미, 접사, 조사
- 의미의 유형에 따라
  - **실질** 형태소 [예] 자립 형태소, 용언의 어간
  - **형식(문법)** 형태소 [예] 어미, 접사, 조사

2. 형태소 분석

형태소 분석의 기준

- 가장 먼저 기준이 되는 것은 의미임 ┌ 뜻
  [예] 책/상, 꽃/밭, 파/김치, 주름/살
- 문법적인 뜻을 지닌 것도 모두 형태소로 나눔
  - 어간 + 선어말 어미 + 어미   [예] 먹/었/다, 오/시/었/다, 가/았/다
  - 조사(이/가, 을/를, 의, 에, 에게, 에서 등)   [예] 철수/가 집/에 갔다.
  - 접사(접두사, 접미사)   [예] 풋/사과, 개/살구, 사장/님

심화 PLUS⁺

형태소 및 단어의 분석

1. 나는 예쁜 영희를 만나다.
2. 의자를 놓고 문을 닫았다.
3. 그는 걸어서 집으로 왔다.
4. 바다가 무척 넓구나.

[답]

번호	1	2	3	4
형태소	8개	9개	9개	5개
단어	6개	6개	6개	4개

민숙쌤의 개념 PLUS⁺

단어 관련 주의 사항

숫자는 1개의 단어로 취급한다.
[예] 일억 구천육백오만 이천십삼

군무원 기출 PLUS⁺

01 다음 문장에서 '의존 형태소'에 해당하는 것을 쓰시오. (단, '동해, 독도, 의무'는 하나의 형태소로 봄)   11년 9급

> 우리에게는 동해의 섬 독도를 지킬 의무가 있다.

(   )

02 다음 중 형태소를 설명하고 있는 문장을 모두 고르시오.   24년 9급

> ㉠ 홀로 설 수 있는 말의 단위
> ㉡ 뜻을 구별하는 소리의 최소 단위
> ㉢ 의미를 가진 가장 작은 말의 단위
> ㉣ 끊어 읽기의 단위
> ㉤ 더 나누면 뜻을 잃어버리는 가장 작은 말의 단위

(   )

[정답]
01 에게, 는, 의, 를, 지키-, -ㄹ, 가, 있-, -다
02 ㉢, ㉤

I. 현대 문법

10 문장의 짜임

1. 문장의 종류

문장
- 홑문장: 주어와 서술어의 관계가 한 번인 문장
  - [예] 영수는(주어) 모든(관형어) 학생들의(관형어) 존경을(목적어) 받는다(서술어).
- 겹문장: 주어와 서술어의 관계가 두 번 이상 반복되는 문장
  - 이어진 문장(대등/종속), 안은 문장과 안긴 문장

 민숙쌤의 개념 PLUS⁺

주의해야 할 홑문장
- 철수가 학교에 가지 못했다.
- 철수는 기숙사에서 생활하고 있다.
  → '본용언+보조 용언'은 하나의 서술어이므로, 홑문장임

홑문장
- '와/과'가 쓰이는 경우
  - 서술어의 필수적 부사어가 있는 경우 [예] 예지는 어머니와 닮았다.
  - '와/과' 앞뒤가 다른 자격으로 이어진 경우 [예] 너는 누구와 갈 테냐?
    - '와/과' 앞뒤가 같은 자격인 경우(겹문장)
    - [예] 서울과 부산은 넓다.

겹문장

- 이어진 문장
  - **대등하게 이어진 문장**
    - 앞 절과 뒤 절이 구조상, 의미상 대칭성이 있음
    - 앞 절과 뒤 절의 순서 바꿈이 가능함

기능	연결 어미	[예]
나열	-고, -(으)며	오늘은 비가 오고 내일은 바람이 분다.
대조	-(으)나, -지만	철수는 빵을 먹지만, 영희는 밥을 먹는다.

  - **종속적으로 이어진 문장**
    - 앞 절과 뒤 절의 순서를 바꾸면 문장의 의미가 달라지거나 비문이 됨
    - 앞 절이 뒤 절 속으로 자리 옮김을 할 수 있음

기능	연결 어미	[예]
조건	-(으)면, -거든	사공이 많으면 배가 산으로 간다.
이유, 원인	-(아)서, -(으)므로, -(으)니까	비가 와서 소풍이 취소되었다.
의도	-(으)려고	(내가) 한라산을 등반하려고 아침 일찍 일어났다.

 민숙쌤의 개념 PLUS⁺

겹문장을 구별하는 방법
- 안은 문장/안긴 문장인지 먼저 확인
- 대등하게 이어졌는지, 종속적으로 이어졌는지 확인
  → 앞/뒤 문장의 순서를 바꿨을 때 뒷문장이 영향을 받으면 종속적으로 이어진 문장

- 안은 문장과 안긴 문장
  - 안긴 문장의 형성 방법

종류	형성 방법	예
명사절	-ㅁ, -음, -기	나는 그가 합격했음을 깨달았다.
관형절	-던, -ㄴ, -은, -는, -ㄹ, -을, -다는	그것은 내가 읽던 책이다.
부사절	-없이, -같이, -달리, -게, -도록	비가 소리도 없이 내린다.
인용절	-라고, -고	나는 "네가 옳다"라고 말했다.
서술절	주어 + 주어 + 서술어	토끼는 앞발이 짧다.

  - 안긴 문장의 쓰임
    - **명사절로 안긴 문장**: 주어, 목적어, 보어, 부사어 역할
      - 예
        - 그녀가 마을 사람들을 속였음이 밝혀졌다.(주어)
        - 사공들은 바람이 불기를 기다렸다.(목적어)
        - 지금은 우리가 학교에 가기에 아직 이르다.(부사어)

    - **관형절로 안긴 문장**: 관형어 역할
      - 예
        - 그 사과는 내가 먹을 과일이다.
        - 그것은 내가 읽던 책이다.
        - 내가 본 영화는 재미있다.
        - 내가 먹은 아이스크림은 정말 맛있다.

    - **부사절로 안긴 문장**: 부사어 역할
      - 예
        - 비가 소리도 없이 내린다.
        - 너는 차가 지나가도록 길을 넓혀라.
        - 철수는 발에 땀이 나도록 뛰었다.

    - **인용절로 안긴 문장**: 부사어 역할
      - 예 나는 네가 옳다고 믿는다. / 영희는 당당하게 "무슨 일이지?"라고 말했다.

    - **서술절로 안긴 문장**: 서술어 역할(주어 + 주어 + 서술어)
      - 예 그는 키가 크다. / 토끼는 앞발이 짧다. / 영희는 마음씨가 곱다.

군무원 기출 PLUS⁺

다음 문장의 확장 방식을 쓰시오.

01 봄이 오면 꽃이 핀다. 20년 7급
(   )

02 담배를 피우는 사람이 점점 줄어들고 있다. 20년 7급
(   )

03 철수가 말도 없이 가버렸다. 20년 7급
(   )

04 나는 그가 귀국했다고 들었다. 20년 7급
(   )

05 담징은 이마에 흐르는 땀을 씻었다. 22년 7급
(   )

06 그가 착한 사람임을 모르는 사람은 거의 없다. 22년 7급
(   )

[정답]
01 종속적으로 이어진 문장
02 관형절을 안은 문장
03 부사절을 안은 문장
04 인용절을 안은 문장
05 관형절을 안은 문장
06 명사절을 안은 문장, 관형절을 안은 문장

10 문장의 짜임

심화 PLUS⁺

- 관형절 더 알아두기: 관계 관형절과 동격 관형절
  - 관계 관형절 예 ・내가 먹은 아이스크림은 맛있다. ― 내가 아이스크림을 먹었다(○)
              ・그것은 내가 읽던 책이다. ― 내가 책을 읽었다(○)
  - 동격 관형절 예 철수는 그녀가 결혼했다는 소식을 들었다. ― 그녀가 소식을 결혼했다(×)

- 홑문장으로 착각하기 쉬운 관형절로 안긴 문장
  - 푸른 나무가 있다: 관계 관형절 ― 나무가 푸르다(○)
  - 예쁜 나비가 날아가다: 관계 관형절

심화 PLUS⁺

겹문장으로 착각하기 쉬운 홑문장

그는 선생님이 되었다.
→ '주어+보어+서술어'의 형태로, 겹문장(서술절을 안은 문장)이 아닌 홑문장이다.

I. 현대 문법

11 높임 표현

1. 높임 표현의 종류

주체 높임법과 객체 높임법

계시다, 잡수시다, 주무시다, 편찮으시다

높임법	높여야 할 대상(사람)	높임 방법		예
주체높임	주어	께서 + (으)시		아버지께서 집에 오시다.
		께서 + 특수어휘		아버지께서 주무신다.
객체높임	목적어	을/를 + 특수어휘		영희가 선생님을 모시고 왔어.
		생략 + 특수어휘		선생님, 제가 뵙고 싶습니다.
	부사어	께 + 특수어휘		영희가 답을 선생님께 여쭈었다.
		께		선생님께서 어머니께 통신물을 발송하셨다.
		(생략) + 특수어휘		선생님, 말씀드릴 것이 있습니다.

뵈다, 뵙다, 여쭈다, 여쭙다, 드리다, 모시다

주체 간접 높임

- 높여야 할 주체와 밀접한 연관이 있는 대상(신체 부분, 소유물 등)을 높일 때는 '-(으)시-'를 붙여 간접적으로 주체를 높임
- 적절하지 않은 간접 높임 예) 고객님, 주문하신 커피 나오셨습니다.(×)
  → 고객님, 주문하신 커피 나왔습니다.(○)

상대 높임법 듣는 이를 높이거나 낮춤

구분		평서법	의문법	명령법	청유법	감탄법
격식체	하십시오체	갑니다, 가십니다	갑니까?, 가십니까?	가십시오	가십시다, 가시지요	-
	하오체	가오	가오?	가오, 가구려	갑시다	가는구려
	하게체	가네, 감세	가나?	가게	가세	가는구먼
	해라체	간다	가냐?, 가니?	가라	가자	가는구나
비격식체	해요체	가요	가요?	가요	가요	가요
	해체	가, 가지	가?, 가지?	가, 가지	가, 가지	가, 가지

민숙쌤의 개념 PLUS⁺

• '있다'의 주체 높임 표현
  - 계시다: 직접 높임
    예) 저기 교장 선생님이 계시다.
  - 있으시다: 간접 높임
    예) 교장 선생님의 말씀이 있으시겠습니다.

심화 PLUS⁺

적절한 간접 높임의 예

- 할아버지는 귀가 밝으시다.
- 선생님의 말씀이 있으시겠습니다.
- 부장님의 따님은 집에 있으신가요?
- 그분은 걱정이 항상 많으시니 각별히 배려해 드려야 합니다.

11 높임 표현

 심화 PLUS⁺

조건에 따른 높임법의 표시

- 문장 1
  아버지, 어머니께서 할머니를 모시고 병원에 가셨습니다.
- 문장 2
  철수야, 영희가 우산을 할머니께 드렸다.

- 조건 1
  우리말에는 주체 높임, 객체높임, 상대 높임 등이 있다. 주체 높임과 객체 높임, 상대높임이 있는 경우는 +로, 없는 것은 -로 표시한다.
- 조건 1에 따른 높임법 표시
  - 문장 1: [주체높임+][객체높임+][상대높임+]
  - 문장 2: [주체높임-][객체높임+][상대높임+]
- 조건 2
  우리말에는 주체 높임, 객체높임, 상대 높임 등이 있다. 주체 높임과 객체 높임의 경우 높임은 +로, 높임이 아닌 것은 -로 표시하고, 상대 높임의 경우 존댓말은 +로, 반말체는 -로 표시한다.
- 조건 2에 따른 높임법 표시
  - 문장 1: [주체높임+][객체높임+][상대높임+]
  - 문장 2: [주체높임-][객체높임+][상대높임-]

 심화 PLUS⁺

압존법이 쓰이는 경우와 쓰이지 않는 경우

- 가정에서: 부모를 조부모께 말하는 경우
  - 예 • 할머니, 어머니가 진지 잡수시라고 하였습니다. (O): 압존법
  - • 할머니, 어머니가 진지 잡수시라고 하셨습니다. (O)
- 직장에서 ┬ 동료이거나 아래 직원인 경우
  │   예 (동료 대리가) 김 대리 거래처에 갔습니까? (×)
  │   → 김 대리 거래처에 가셨습니까? (O)
  └ 윗사람에 관해 말하는 경우
        예 (평사원이) 사장님, 부장님이 이 일을 했습니다. (×)
        → 사장님, 부장님이 이 일을 하셨습니다. (O)

⊕ 군무원 기출 PLUS⁺

다음 문장에 사용된 높임법을 모두 쓰시오.

01 저는 학교에 갑니다. 15년 9급
( )

02 누나가 아버지를 모시고 병원에 갔습니다. 19년 9급 (6월)
( )

03 할아버지께서 주무시고 가셨다. 22년 9급
( )

04 선생님께서 책을 펴며 웃으셨다. 22년 9급
( )

05 할머니, 어디가 어떻게 편찮으세요? 22년 9급
( )

06 어머님께서 돌아보시고 주인에게 부탁하셨다. 22년 9급
( )

[정답]
01 상대 높임법 (하십시오체)
02 객체 높임법, 상대 높임법 (하십시오체)
03 주체 높임법, 상대 높임법 (해라체)
04 주체 높임법, 상대 높임법 (해라체)
05 주체 높임법, 상대 높임법 (해요체)
06 주체 높임법, 상대 높임법 (해라체)

12. 부정 표현과 시간 표현

1. 부정 표현

부정문의 종류

- 의지 부정문
  - 짧은 '안' 부정문: 부정 부사 '안' 예) 영희는 밥을 안 먹는다.
  - 긴 '안' 부정문: '-지 않다' 예) 영희는 밥을 먹지 않는다.
- 능력 부정문
  - 짧은 '못' 부정문: 부정 부사 '못' 예) 영희는 밥을 못 먹는다.
  - 긴 '못' 부정문: '-지 못하다' 예) 영희는 밥을 먹지 못한다.
- '말다' 부정문 — 명령문, 청유문에 쓰이는 부정문
  - 예) • 안 열어라(×), 못 열어라(×) → 열지 말아라/마라(○)
       • 안 열자(×), 못 열자(×) → 열지 말자(○)

2. 시간 표현

시제의 종류

- 과거: 사건시가 발화시보다 앞선 시제
- 현재: 사건시와 발화시가 일치하는 시제
- 미래: 사건시가 발화시보다 나중인 시제

시간 표현을 실현하는 요소

구분		과거	현재	미래
선어말 어미		-았-, -었-, -였- / -더- / -았었-, -었었-, -였었-	-ㄴ-, -는-	-겠-, -(으)리-
관형사형 전성 어미	동사	-(으)ㄴ, -던	-는	-(으)ㄹ
	형용사, 서술격 조사	-던	-(으)ㄴ	
시간 부사		어제	지금, 오늘	내일

민숙쌤의 개념 PLUS⁺

'단절'의 과거 시제 선어말 어미

- 종류: '-았었-/-었었-/-였었-'
- 의미: 현재와 비교하여 다르거나 단절되어 있는 과거의 사건을 나타내는 어미
  예) • 차범근은 젊은 시절 축구 선수였었다.
     • 그녀는 어린 시절 예뻤었는데…

민숙쌤의 개념 PLUS⁺

절대 시제와 상대 시제

- 절대 시제 ─ 발화시를 기준으로 결정되는 시제
  ─ 문장의 종결형에 주로 표시됨
- 상대 시제 ─ 사건시를 기준으로 결정되는 시제
  ─ 관형사형이나 연결형에 주로 표시됨
  예) 어제 공원은 산책하는 사람들로 붐볐다.
  • 절대 시제: 과거
  • 상대 시제: (과거에 있어서의) 현재

13 피동 표현과 사동 표현

1. 피동과 사동

능동과 피동

구분	개념	예
능동	주어가 동작을 제 힘으로 하는 것	고양이가 쥐를 물었다.
피동	주어가 다른 주체에 의해서 동작을 당하게 되는 것	쥐가 고양이에게 물렸다.

주동과 사동

구분	개념	예
주동	주어가 동작을 직접 하는 것	아이가 밥을 먹는다.
사동	주어가 다른 대상에게 동작을 하도록 시키는 것	어머니가 아이에게 밥을 먹인다.

피동문의 형성

구분	내용	예
피동 표현	-게 되다, -어지다, -되다	• 세상에서 가장 예쁜 시계를 만들게 되었다. • 신발의 끈이 풀어지다.
피동 접미사	-이-, -히-, -리-, -기-	• 철수는 올해 임금이 깎이다. • 이장님이 차에 치였다. • 철수는 손이 문 사이에 끼였다.
	-되다	이 물건은 세탁하는 데 사용된다.
피동 어휘	당하다	철수는 소매치기를 당했다.

군무원 기출 PLUS⁺

밑줄 친 피동 표현을 능동 표현으로 바꿀 수 있으면 ○, 없으면 X 표시하시오.
22년 7급

01 철수가 감기에 걸렸다. ( )

02 아이가 어머니에게 안겼다. ( )

03 그 책은 많은 사람들에게 읽혔다. ( )

04 그 문제가 어떤 수학자에 의해 풀렸다. ( )

[정답]
01 X   02 ○ (→ 안다)
03 ○ (→ 읽다)   04 ○ (→ 풀다)

사동문의 형성

구분	내용	예
사동 표현	-게 하다, -게 시키다	• 삼촌이 조카에게 옷을 입게 하다. • 선생님은 학생에게 글을 쓰게 시켰다.
사동 접미사	-이-, -히-, -리-, -기-, -우-, -구-, -추-	• 누나가 실내 온도를 낮추었다. • 영희가 아버지를 깨우었다. • 영수가 아이에게 책을 읽히다.
	-시키다	선생님은 철수에게 예습의 중요성을 주지시켰다.
사동 어휘	시키다	사장님은 직원에게 일을 시켰다.

2. 올바른 피동 표현과 사동 표현

피동 표현

— 피동문은 이중 피동으로는 쓰이지 않는다.

구분	이중 피동을 사용한 예
'이,히,리,기'와 '-어지다'를 함께 사용하는 경우	• 창문이 열려지다. • 잊혀진 사람이다. • 그의 넥타이가 풀려졌다. • 쥐가 고양이에게 잡혀지다.
'-되다'와 '-어지다'를 결합하여 사용하는 경우: 명사 + 되어지다	내일은 많은 비가 내릴 것으로 예상되어집니다.
'-어지다'와 '-게 되다'를 결합하여 사용하는 경우: 어간 + -어지게 되다	생각이 넓어지게 되다.

— 피동형으로 표현할 수 없는 단어들에 유의한다.
  예 • 마음이 설레이다.
  • 날씨가 개이다.
  • 길을 헤매이다.
  • 추억을 되뇌이다.
  • 불효자는 목메여 웁니다.

> **심화 PLUS⁺**
>
> **피동 표현 관련 주의사항**
> • 이중 피동이 아닌 경우
>   여겨지다, 알려지다, 밝혀지다, 버려지다, 흐려지다, 가려지다, 젖혀지다, 밀쳐지다

13 피동 표현과 사동 표현

사동 표현

- 이중 사동 ─ 원칙적으로 이중 사동은 사용하지 않음
  - 예 친구의 눈을 감기고 꿀밤을 때렸다. ― 감기우고(×)
  - 이중 사동을 사용하는 예외적인 경우
    - 세우다: 서 + 이 + 우 + 다   예 영희는 무릎을 세우고 앉았다.
    - 태우다: 타 + 이 + 우 + 다   예 어머니는 아이를 자전거에 태운다.
    - 재우다: 자 + 이 + 우 + 다   예 아이의 잠을 재우다.
    - 채우다: 차 + 이 + 우 + 다   예 빈 잔에 물을 채우다.
- 잘못된 사동 표현을 사용하지 않도록 한다.
  - 예 · 내가 친구 한 명 소개시켜 줄게.
       · 주차시키고 갈 테니 먼저 올라가 있어.

심화 PLUS⁺

피동 표현과 사동 표현 더 알아두기

- 파생적 사동문과 통사적 사동문의 의미 차이
  - 파생적 사동문: 직접, 간접 사동의 의미를 모두 가짐
    - 예 · 어머니가 딸에게 옷을 입혔다. (직접, 간접)
         · 선생님께서 민수에게 소설을 읽히셨다. (간접)
  - 통사적 사동문: 간접 사동의 의미만 가짐
    - 예 · 어머니가 딸에게 옷을 입게 하였다. (간접)
         · 선생님께서 철수에게 책을 읽게 하셨다. (간접)
- 형태가 같은 피동사와 사동사
  - 안기다   예 · 동생은 아버지에게 안겨서 차에 올랐다.: 피동
              · 엄마가 아빠에게 아이를 안기다.: 사동
  - 보이다   예 · 산이 보이다.: 피동
              · 사람들에게 친구들을 보이다.: 사동
  - 잡히다   예 · 도둑이 경찰에게 잡히다.: 피동
              · 엄마가 아이에게 연필을 잡히다.: 사동
  - 업히다   예 · 아이가 아빠 등에 업혀 잠이 들었다.: 피동
              · 엄마가 아빠에게 아이를 업히다.: 사동
  - 뜯기다   예 · 편지 봉투가 뜯긴 채 바닥에 떨어져 있었다.: 피동
              · 목동이 소에게 풀을 뜯기다.: 사동

군무원 기출 PLUS⁺

밑줄 친 부분이 피동 표현인지 사동 표현인지 구분하시오.
19년 9급 (12월), 25년 9급

01 부모님은 나를 진정시키셨다.
(   )
02 어머니께서 아이에게 밥을 먹게 하셨다.
(   )
03 전쟁 중에 아군이 적군에게 공격을 당했다.
(   )
04 앞 마당에 눈이 잔뜩 쌓여 갔다.
(   )
05 그 고기는 충분히 익혀 먹어야 한다.
(   )
06 결국에 그 아이를 울리고 말았다.
(   )
07 더 이상 나사를 돌리지 말아라.
(   )

[정답]
01 사동 표현   02 사동 표현
03 피동 표현   04 피동 표현
05 사동 표현   06 사동 표현
07 사동 표현

14 단어 간의 의미 관계

1. 반의 관계

- **반의 관계**: 둘 이상의 단어가 의미상 서로 짝을 이루어 대립하는 관계
  - 종류
    - **상보 반의어**(모순 관계): 중간 항이 없는 반의 관계
      - 예) 살다 ↔ 죽다, 참 ↔ 거짓, 남자 ↔ 여자, 유죄 ↔ 무죄
    - **정도 반의어**(반대 관계): 중간 항이 있는 반의 관계
      - 예) 높다 ↔ 낮다, 크다 ↔ 작다, 늙다 ↔ 젊다, 뜨겁다 ↔ 차갑다
    - **방향 반의어**(대칭 관계): 맞선 방향을 전제로 하여 관계나 이동의 측면에서 대립을 이루는 반의 관계
      - 예) 가다 ↔ 오다, 출발 ↔ 도착, 할아버지 ↔ 손자

2. 동의 관계와 유의 관계

- **동의 관계**
  - 두 개 이상의 단어가 서로 소리는 다르지만 의미가 같은 관계
  - 문장 내에서 교환 가능 예) 책방:서점, 죽다:숨지다:사망하다

- **유의 관계**
  - 두 개 이상의 단어가 말소리는 다르지만 의미가 서로 비슷한 관계
  - 문장 내에서 교환 불가능 예) 낯:얼굴, 밥:맘마

3. 상하 관계

- **상하 관계**: 한쪽이 다른 쪽을 포함하거나 다른 쪽에 포함되는 의미 관계
  - 상위어와 하위어
    - 상위어: 다른 단어의 의미를 포함하는 단어(일반적이고 포괄적인 의미)
      - 예) 꽃 > 채송화·진달래·개나리·국화
    - 하위어: 다른 단어의 의미에 포함되는 단어(개별적이고 한정적인 의미)
      - 예) 꽃 > 채송화·진달래·개나리·국화

민숙쌤의 개념 PLUS⁺

동음이의 관계와 다의 관계

- 동음이의 관계
  두 개 이상의 단어가 소리는 같으나 의미상 관련이 없는 경우
  예) 손¹: 신체의 일부
  손³: 날짜에 따라 방향을 달리하여 따라다니면서 사람의 일을 방해한다는 귀신
  예) 손 없는 날 이사를 하자.

- 다의 관계
  하나의 단어가 두 가지 이상의 관련된 의미로 쓰이는 경우
  예) 손
  「1」 사람의 팔목 끝에 달린 부분
  「2」 손끝의 다섯 개로 갈라진 부분. 또는 그것 하나하나
  「3」 일을 하는 사람
  「4」 어떤 일을 하는 데 드는 사람의 힘이나 노력, 기술
  「5」 어떤 사람의 영향력이나 권한이 미치는 범위
  「6」 사람의 수완이나 꾀

군무원 기출 PLUS⁺

다음 단어 간의 의미 관계를 쓰시오.   20년 9급

01 곱다 : 거칠다   (   )
02 무르다 : 야무지다 (   )
03 성기다 : 빽빽하다 (   )
04 넉넉하다 : 푼푼하다 (   )
05 느슨하다 : 팽팽하다 (   )

[정답]
01 반의 관계   02 반의 관계
03 반의 관계   04 유의 관계
05 반의 관계

15 의미의 변화

1. 의미 변화의 양상

의미 확대·축소·이동

구분	개념	예
의미 확대 (의미의 일반화)	어떤 단어의 의미 범주가 넓어지는 것	• 손[手]: 손 → 손 + 노동력 • 겨레: 종친(宗親) → 민족, 동포 • 세수(洗手): 손을 씻다 → 손과 얼굴을 씻다 • 다리: 생물의 다리 → 생물 + 무생물의 다리 • 선생: 교육자 → 교육자 + 존경받을 만한 사람 • 지갑(紙匣): 종이로 만든 것 → 종이, 가죽, 비닐로 만든 것 • 영감(令監): 정3품과 종2품의 벼슬아치 → 중년이 지난 남자
의미 축소 (의미의 특수화)	어떤 단어의 의미 범주가 축소되는 것	• 얼굴: 형체 → 안면 • 놈: 사람 전체 → 남자의 낮춤말 • 뫼(메): 밥, 진지 → 제사 때의 밥 • 계집: 일반적인 여성 → 여성의 낮춤말 • 미인(美人): 남자와 여자에게 다 씀 → 예쁜 여인에게만 씀 • 짐승['즁싱(衆生)'에서 온 말]: 생물 전체 → 사람을 제외한 동물
의미 이동 (의미의 전성)	어떤 단어의 의미 자체가 달라지는 것	• 어여브다: 불쌍하다 → 예쁘다 • 어리다: 어리석다 → 나이가 적다 • 인정(人情): 뇌물 → 사람 사이의 정 • 두꺼비집: 두꺼비의 집 → 전기 개폐기 • 방송(放送): 죄인을 풀어 주다 → 전파를 내보내다 • 씩씩하다: 장엄하다, 엄숙하다 → 굳세고 위엄스럽다

군무원 기출 PLUS⁺

의미 변화의 양상에 따른 예가 바르면 ○, 틀리면 X 표시하시오.
20년 7급

01 [의미 확대]
　겨레: 종족(宗族) → 민족　　(　)
02 [의미 축소]
　놈: 평칭 → 비칭　　(　)
03 [의미 이동]
　얼굴: 형체 → 안면　　(　)

[정답]
01 ○　02 ○　03 X (의미 축소)

16 어휘의 분류

1. 고유어와 한자어

고유어
- 예로부터 사용해 온 우리말(순우리말) 예 불현듯, 적
- 대개 의미의 폭이 넓어 다의어로 사용되는 경우가 많음

한자어
- 중국의 한자를 기반으로 만들어진 어휘
  예 모골(毛骨), 송연히(悚然-), 도대체(都大體), 매사(每事)
- 고유어에 비해 좀 더 정확하고 분화된 의미를 가지고 있어 고유어를 보완하는 역할을 함

심화 PLUS⁺

고유어로 착각하기 쉬운 한자어

구분	예
물건	의자(椅子), 걸상(-床), 모자(帽子), 양말(洋襪/洋韤), 주전자(酒煎子)
먹거리	귤(橘), 사과(沙果/砂果), 총각무(總角-), 포도(葡萄), 과자(菓子), 미음(米飮), 사탕(沙糖/砂糖), 설탕(雪糖/屑糖), 잡채(雜菜)
동물	기린(麒麟), 사자(獅子), 순록(馴鹿), 악어(鰐魚), 호랑이(虎狼-), 하마(河馬)
색상	분홍(粉紅), 연두(軟豆), 자주(紫朱), 주황(朱黃), 초록(草綠)
부사	급기야(及其也), 도대체(都大體), 무려(無慮), 물론(勿論), 별안간(瞥眼間), 설령(設令), 심지어(甚至於), 어차피(於此彼), 점점(漸漸), 하여간(何如間), 하필(何必)
기타	창피(猖披), 미안(未安), 발랄(潑剌)

군무원 기출 PLUS⁺

다음 단어가 고유어에 해당하면 ○, 아니면 X 표시하시오. 22년 9급

01 동냥 ( )
02 구걸 ( )
03 중생 ( )
04 자비 ( )
05 가욋돈 ( )
06 고자질 ( )
07 아수라장 ( )
08 관자놀이 ( )

[정답]
01 ○   02 X (求乞)
03 X (衆生)   04 X (慈悲)
05 X (加外+돈) 06 X (告者+질)
07 X (阿修羅場) 08 X (貫子+놀이)

심화 PLUS⁺

우리나라에서 만들어진 한자어
감기(感氣), 고생(苦生), 복덕방(福德房), 사돈(査頓), 편지(便紙/片紙)

15 의미의 변화

2. 외래어와 귀화어

외래어 외국에서 들어온 말로 국어에서 널리 쓰이는 단어

└ 유입 경로별 외래어의 분류

종류	예	특징
산스크리트어 (범어)	달마, 만다라, 보살(菩薩), 불타(佛陀), 사리(舍利), 석가(釋迦), 열반(涅槃), 찰나(刹那)	불교 문화와 관련
영어	버스, 컴퓨터, 로켓, 넥타이, 챔피언, 아이스크림, 나일론, 재즈	새로 발명된 문물과 관련
프랑스어(불어)	망토, 루주, 샹송, 마담, 앙코르, 데생	프랑스 예술이나 패션과 관련
그리스어	로고스, 파토스	그리스 고대 철학과 관련
이탈리아어	첼로, 오페라, 템포, 아리아, 스파게티	이탈리아의 음악이나 음식과 관련
러시아어	툰드라, 페치카, 트로이카, 보드카	한대(寒帶) 기후 지역의 자연이나 문물과 관련
만주어, 여진어	호미, 수수, 메주	-
라틴어	스타디움, 알리바이	-
포르투갈어	담배, 빵, 카스텔라	-

귀화어 유입된 지 아주 오래되어 외래어라는 인식이 희박해진 외래어

예 불타(佛陀), 찰나(刹那), 수수[高粱], 거위[天鵝], 탑(塔, stǔpa), 빵(pão)

군무원 시험 전문 해커스군무원

army.Hackers.com

학습 점검 문제   I 현대 문법

[01~06] 다음 설명에 해당하는 언어의 특징을 쓰시오.

01 언어는 상황에 따라 새로운 말을 만들 수 있다.

02 언어 형식과 내용의 관계가 반드시 고정된 것은 아니다.

03 언어 내용과 형식이 일단 한 사회 속에서 약속으로 굳어지면 아무나 마음대로 바꿀 수 없다.

04 음운, 단어, 문장, 담화 단위에 이르기까지 각 단위 혹은 단위 사이에 특정한 규칙이 존재한다.

05 언어는 고정되어 불변하는 것이 아니라 시간의 흐름에 따라 의미나 형태가 변화하기도 한다.

06 언어는 외부 세계를 반영할 때, 있는 그대로를 반영하지 않고 연속적인 세계를 불연속적인 것처럼 끊어서 표현한다.

[07~20] 아래 빈칸에 들어갈 알맞은 말을 쓰시오.

07 국어에서 ___ 은/는 항상 체언 앞에 온다.

08 국어는 ___ 이므로 접사나 어미가 발달되어 있다.

09 국어는 계통상으로 ___ 에 속할 가능성이 높다.

10 언어의 ___ 기능은 '화자'에 초점이 맞추어진 기능이다.

11 국어의 ___ 은/는 'ㅅ, ㅆ, ㅎ'으로, 다른 언어에 비해 많지 않다.

12 국어에는 수효나 분량 따위를 나타내는 ___ 의존 명사가 발달했다.

13 ___ 은/는 단어의 첫소리에 'ㄴ, ㄹ' 소리가 오지 않는 것을 말한다.

14 국어의 ___ 은/는 상하 관계를 중시하던 사회 구조의 영향으로 발달했다.

15 '토끼는 앞발이 짧다.'와 같이 문장에서 ___ 이/가 중복되어 나타날 수 있다.

16 언어를 예술적 재료로 사용하는 문학에서 주로 나타나는 기능은 ___ 기능이다.

17 국어는 혈연을 중시하는 문화의 영향으로 ___ 관계를 나타내는 어휘가 발달했다.

18 언어와 언어가 서로 관계를 맺고 있음을 보여 주는 기능을 ___ 기능이라고 한다.

19 두 음절 이상의 단어에서 양성 모음은 양성 모음끼리, 음성 모음은 음성 모음끼리 결합하려는 현상을 ___ 현상이라고 한다.

20 표현 의도나 듣는 사람에 관계없이 화자의 무의식적인 본능에서 나오는 반응을 소리로 나타내는 기능을 ___ 기능이라고 한다.

정답							
01 창조성	02 자의성	03 사회성	04 규칙성	05 역사성	06 분절성	07 관형어	08 교착어
09 알타이 어족	10 표현적	11 마찰음	12 단위성	13 두음 법칙	14 높임말	15 주어	16 미학적
17 친족	18 관어적	19 모음 조화	20 표출적				

[21~25] 다음 발화에 해당하는 언어의 기능을 쓰시오.

21 아이쿠!

22 아우의 얼굴은 슬픈 그림이다.

23 이곳은 애완동물의 출입을 금지합니다.

24 영어의 'house'는 우리말의 '집'과 의미가 같다.

25 (광고에서) 이 자동차는 성능이 뛰어나고 가격이 저렴합니다.

[26~40] 아래 빈칸에 들어갈 알맞은 말을 쓰시오.

26 ___ 높임은 '드리다, 여쭙다, 뵙다' 등의 어휘를 통해 실현된다.

27 국어에는 ___ 소리, ___ 소리, ___ 소리의 음운 대립이 존재한다.

28 국어의 단어를 만드는 방법에는 ___ 와/과 ___ 이/가 있다.

29 국어의 음절 끝에서는 ___ 의 7개 자음만 발음된다.

30 국어의 문장은 조사의 발달로 인해 ___ 이/가 비교적 자유로운 편이다.

31 국어는 바늘 한 ___, 고등어 한 ___ 와/과 같은 단위성 의존 명사가 발달했다.

32 ___ 나 ___ 은/는 문장 속에서 문법적인 역할이나 관계의 차이를 나타낸다.

33 국어가 '주어 - 목적어 - 서술어'의 어순을 지니는 것은 언어의 ___ 와/과 관련된다.

34 ___ 란 한자어 외에 다른 언어권에서 들어와 국어의 일부로 인정되는 단어를 말한다.

35 국어의 어휘는 ___ 이/가 발달하여 정서적 유사성에 의한 비유적 표현으로 사용되기도 한다.

36 어형과 어미의 변화로 문장 속에서 단어가 가지는 여러 관계를 나타내는 언어를 ___ 라고 한다.

37 개를 '깜박이', 자전거를 '돌돌이', 신발을 '찍찍이'라고 부르는 것은 언어의 ___ 을/를 위반하는 것이다.

38 주체 높임은 문장의 주체를 높이는 표현으로, 선어말 어미 '-(으) ___ -', 주격 조사 ___ 등을 통해 실현된다.

39 상대 높임은 화자가 청자를 높이거나 낮추는 표현으로, 주로 ___ 를 통해 실현된다.

40 경계가 불분명한 무지개의 색깔을 '빨, 주, 노, 초, 파, 남, 보' 7가지 색으로 표현하는 것은 언어의 ___ 와/과 관련된다.

정답

21 표출적 기능　22 미학적 기능　23 명령적 기능　24 관어적 기능　25 명령적 기능　26 객체　27 예사, 된, 거센
28 합성법, 파생법　29 ㄱ, ㄴ, ㄷ, ㄹ, ㅁ, ㅂ, ㅇ　30 어순　31 쌈, 손　32 조사, 어미　33 규칙성
34 외래어　35 감각어　36 굴절어　37 사회성　38 시, 께서　39 종결 어미　40 분절성

I 현대 문법 학습 점검 문제

학습 점검 문제 Ⅰ 현대 문법

[41~43] 아래 빈칸에 들어갈 알맞은 말을 쓰시오.

41 '꽃잎, 늑막염, 신여성'은 공통적으로 '　' 소리가 덧난다.

42 '꽃망울'의 발음에는 '음절의 끝소리 규칙'과 '　　'이/가 적용된다.

43 '몇해'는 '음절의 끝소리 규칙'이 적용되어 [멷해]가 된 다음, 　 이/가 일어나 [며태]로 발음된다.

[44~45] 다음 문장의 형태소 개수를 쓰시오.

44 그는 나의 마지막 노력을 짓밟았다.

45 허리가 굽은 아버지의 모습이 보였다.

[46~50] 밑줄 친 단어의 품사를 쓰시오.

46 그곳은 통제 구역이다.

47 틈나는 대로 찾아보다.

48 오늘은 다섯이나 지각을 했다.

49 나는 더 이상 어린이가 아니에요.

50 집 앞길에는 대형 트럭이 여덟 대나 있었다.

[51~53] 다음 단어를 파생어/합성어로 구분하시오.

51 돌배

52 부슬비

53 뛰놀다

[54~56] 밑줄 친 단어의 문장 성분을 쓰시오.

54 하늘이 푸르다.

55 철수는 라면만 먹었다.

56 나의 작은 천사가 자고 있다.

[57~60] 다음 문장의 서술어 자릿수를 쓰시오.

57 가을 햇살이 따스하다.

58 진우는 부모님께 선물을 드렸다.

59 나의 친구 철호는 운동선수가 아니다.

60 예진이는 어제 길에서 중학교 선배를 만났다.

정답

41 ㄴ	42 비음화	43 축약	44 11개	45 12개	46 대명사	47 의존 명사	48 수사
49 조사	50 관형사	51 파생어	52 합성어	53 합성어	54 서술어	55 목적어	56 관형어
57 한 자리	58 세 자리	59 두 자리	60 두 자리				

[61~65] 밑줄 친 단어에서 일어난 음운 탈락의 유형을 쓰시오.

61 <u>좋은</u> 사람

62 버스에 <u>타서</u>

63 일기를 <u>썼다</u>.

64 시를 <u>읊는다</u>.

65 선생님의 <u>아드님</u>

[66~67] 다음 단어의 표준 발음을 쓰시오.

66 감다

67 입원료

[68~70] 밑줄 친 보조 용언의 품사를 쓰시오.

68 편지를 쓰고 <u>계신다</u>.

69 집에 가고 <u>싶다</u>.

70 그 운동장은 넓지 <u>않다</u>.

[71~74] 밑줄 친 단어의 품사를 쓰고, 파생에 사용된 접사를 쓰시오.

71 전원을 <u>집합시키다</u>.

72 <u>여름내</u> 날씨가 좋았다.

73 아기가 고개를 <u>끄덕이다</u>.

74 <u>조금씩</u> 모은 돈이 벌써 이만큼이다.

[75~77] 다음 단어를 통사적 합성어/비통사적 합성어로 구분하시오.

75 감발

76 힘차다

77 가로지르다

정답
61 'ㅎ' 탈락　62 동음 탈락　63 'ㅡ' 탈락　64 자음군 단순화　65 'ㄹ' 탈락　66 감ː따　67 이붠뇨
68 보조 동사　69 보조 형용사　70 보조 형용사　71 동사, -시키다　72 부사, -내　73 동사, -이다　74 부사, -씩
75 비통사적 합성어　76 통사적 합성어　77 통사적 합성어

학습 점검 문제 Ⅰ 현대 문법

[78~80] 다음 문장을 홑문장/겹문장으로 구분하시오.

78 서울과 부산은 넓다.

79 이것은 요즘 내가 읽는 책이다.

80 기온이 내려가는 겨울이 시작되었다.

[81~87] 다음 문장에 쓰인 높임법의 종류를 쓰시오.

81 할아버지께서 눈이 밝으시다.

82 할머니께서 시장에 가십니다.

83 철수는 할머니께 과일을 드리고 싶었다.

84 할아버지, 아버지께서 귀가하셨습니다.

85 선생님께서 방금 대구로 출발하셨어요.

86 나는 그에 대해 아버지께 여쭈어보았다.

87 제가 어머니를 모시고 고향에 다녀왔습니다.

[88~94] 다음은 '가다'의 종결 표현이다. 해당 종결 표현의 상대 높임 등급을 쓰시오.

88 가네.

89 간다.

90 가세.

91 가요?

92 가거라.

93 가는구려.

94 가십니까?

정답

78 겹문장   79 겹문장   80 겹문장   81 주체, 상대 - 낮춤말
82 주체, 상대 - 높임말   83 객체, 상대 - 낮춤말   84 주체, 상대 - 높임말   85 주체, 상대 - 높임말
86 객체, 상대 - 낮춤말   87 객체, 상대 - 높임말   88 하게체   89 해라체
90 하게체   91 해요체   92 해라체   93 하오체   94 하십시오체

[95~100] 다음 밑줄 친 부분의 시제를 쓰시오.

95 그녀는 공원을 <u>걷는다</u>.

96 그는 동생과 실컷 <u>놀았다</u>.

97 와, 하늘에서 눈이 <u>내린다</u>.

98 그들은 곧 집으로 <u>갈 것이다</u>.

99 머지않아 폭우가 <u>쏟아지겠어</u>.

100 <u>아름답던</u> 영희는 이제 많이 늙었다.

[101~107] 다음 문장을 사동문/피동문으로 구별하시오.

101 우리 집이 팔렸다.

102 실내 온도를 낮춰라.

103 고지가 눈앞에 보였다.

104 동생은 형의 품에 안겼다.

105 연아가 농담을 해서 아빠를 웃겼다.

106 선생님께서 민수에게 글을 읽히셨다.

107 그 소리는 사람들의 목소리에 완전히 묻혔다.

[108~115] 다음 밑줄 친 표현을 올바르게 고쳐 쓰시오.

108 <u>잊혀진</u> 나날들

109 창문이 <u>열려지다</u>.

110 구두끈이 <u>풀려지다</u>.

111 다시 열릴 것으로 <u>보여집니다</u>.

112 꽃병에 <u>꽂혀져</u> 있는 붉은 장미

113 이 글은 두 문단으로 <u>나뉘어진다</u>.

114 수채화 물감과 유화 물감이 <u>섞여져</u> 있다.

115 우리 사회의 약자들에게 더 많은 관심이 <u>모여져야</u> 한다.

정답

95 현재 96 과거 97 현재 98 미래 99 미래 100 과거 101 피동문 102 사동문
103 피동문 104 피동문 105 사동문 106 사동문 107 피동문 108 잊힌, 잊어진 109 열리다, 열어지다
110 풀리다, 풀어지다 111 보입니다, 봐집니다 112 꽃혀(꽃히어), 꽃아져 113 나뉜다, 나눠진다
114 섞여(섞이어), 섞어져 115 모여야, 모아져야

학습 점검 문제 Ⅰ 현대 문법

[116~122] 다음 밑줄 친 표현을 사동/피동으로 구별하시오.

116 목동이 소에게 풀을 뜯기다.

117 안전을 위해 학교 담을 높였다.

118 엄마가 아빠에게 아이를 업히다.

119 아이가 아빠 등에 업혀 잠이 들었다.

120 동생에게 부모님의 사랑을 빼앗기다.

121 철수는 아들에게 빚만 지우고 있었다.

122 편지 봉투가 뜯긴 채 바닥에 떨어져 있었다.

[123~125] 다음 빈칸에 알맞은 말을 쓰시오.

123 어떤 단어의 의미 범주가 넓어지는 것을 의미 ____ 라고 한다.

124 둘 이상의 단어가 말소리는 다르지만 의미가 서로 비슷한 관계를 ____ 관계라고 한다.

125 맞선 방향을 전제로 하여 관계나 이동의 측면에서 대립을 이루는 반의 관계를 ____ 반의어라고 한다.

[126~134] 다음 단어의 의미 관계를 쓰시오. (유의/반의/상하)

126 밥 - 맘마

127 꽃 - 채송화

128 높다 - 낮다

129 별똥별 - 유성

130 할아버지 - 손자

131 무르다 - 야무지다

132 넉넉하다 - 푼푼하다

133 느슨하다 - 팽팽하다

134 납득하다 - 수긍하다

정답						
116 사동	117 사동	118 사동	119 피동	120 피동	121 사동	122 피동
123 확대	124 유의	125 방향	126 유의	127 상하	128 반의	129 유의
130 반의	131 반의	132 유의	133 반의	134 유의		

[135~140] 다음 단어의 의미 영역 변화 결과를 쓰시오. (확대/축소/이동)

135 지갑

136 미인

137 선생

138 얼굴

139 씩씩하다

140 어엿브다

정답: 135 확대 136 축소 137 확대 138 축소 139 이동 140 이동

확인: 맞은 개수: ____/140 틀린 개수: ____/140

군무원 시험 전문 해커스군무원
army.Hackers.com

해커스군무원 신민숙 쉬운국어 **문법·어휘 한 권으로 끝**

II 국어 규범

II. 국어 규범

17 한글 맞춤법: 소리에 관한 것

1. 두음 법칙

제10항 ~ 제12항

- 단어 첫머리에 오는 한자어
  - '녀, 뇨, 뉴, 니' → '여, 요, 유, 이' [예] 요소(尿素), 익명(匿名), 연도(年度)
  - '랴, 려, 례, 료, 류, 리' → '야, 여, 예, 요, 유, 이' [예] 양심(良心)
  - '라, 래, 로, 뢰, 루, 르' → '나, 내, 노, 뇌, 누, 느' [예] 낙원(樂園)
  - 단어의 첫머리 이외의 경우: 두음 법칙 적용하지 않음
    - [예] 양심(良心) - 개량(改良), 용궁(龍宮) - 쌍룡(雙龍)
- 예외적으로 두음 법칙이 적용되는 경우
  - 접두사처럼 쓰이는 한자가 붙어서 된 말이나 합성어
    - [예] 공염불, 남존여비, 신여성, 역이용, 연이율
  - 고유 명사를 붙여 쓰는 경우나 십진법
    - [예] 대한교육연합회(대한교련), 신흥이발관, 국제연합(국련), 육천육백육십육
    - └ 준말의 경우 두음 법칙 사용 ×
- 예외적으로 두음 법칙이 적용되지 않는 경우
  - 한자어 의존 명사
    - [예] 냥(兩), 냥쭝(兩重), 년(年) - 금 한 냥(兩), 은 두 냥쭝(兩重), 십 년(年)
  - 고유어 의존 명사
    - [예] 고얀 녀석, 바느질 실 한 님, 엽전 한 닢
- 두음 법칙 사용이 환경에 따라 달라지는 경우
  - **율, 률**: 모음이나 'ㄴ' 받침 뒤에 이어지는 '률'은 '율'로 씀
    - [예] 백분율, 실패율, 출석률, 합격률
  - **난, 란**: 고유어, 외래어 뒤에서는 두음 법칙이 적용되지만, 한자어 뒤에서는 적용되지 않음
    - [예] 어린이난, 어머니난, 가십난, 칼럼난, 독자(讀者)란, 가정(家庭)란, 정답(正答)란, 학습(學習)란
  - **양, 량**: 고유어, 외래어 뒤에서는 두음 법칙이 적용되지만, 한자어 뒤에서는 적용되지 않음
    - [예] 구름양, 흡입(吸入)량, 강수(降水)량, 강우(降雨)량

민숙쌤의 개념 PLUS⁺

한글 맞춤법 총칙
- 제1항 살코기(살고기×), 다달이(달달이×)
  표준어를 소리대로 적되, 어법에 맞도록 함을 원칙으로 한다.
- 제2항 꽃이(꼬치×)
  문장의 각 단어는 띄어 씀을 원칙으로 한다.
- 제3항
  외래어는 '외래어 표기법'에 따라 적는다.

군무원 기출 PLUS⁺

다음 중 맞춤법에 맞는 표기를 골라 ○표시하시오. 19년 9급 (6월)

01 공염불 / 공념불
02 실패율 / 실패률
03 강수양 / 강수량

[정답]
01 공염불 02 실패율 03 강수량

2. 된소리

제5항 한 단어 안에서 뚜렷한 까닭 없이 나는 된소리는 다음 음절의 첫소리를 된소리로 적음

- 두 모음 사이에서 나는 된소리　예) 소쩍새, 오빠, 거꾸로
- 'ㄴ, ㄹ, ㅁ, ㅇ' 받침 뒤에서 나는 된소리　예) 산뜻하다, 잔뜩, 살짝, 담뿍, 함빡, 껑뚱하다
- 된소리로 적지 않는 경우
  - 'ㄱ, ㅂ' 받침 뒤에서 나는 된소리는 같은 음절이나 비슷한 음절이 겹쳐 나는 경우가 아니면 된소리로 적지 않음　예) 국수, 깍두기, 딱지, 싹둑, 몹시, 법석, 갑자기

분량이 차고도 남도록 넉넉하게
입은 옷이, 아랫도리나 속옷이 드러날 정도로 매우 짧다.

군무원 기출 PLUS⁺

다음 중 단어의 표기가 틀린 것을 모두 골라 바르게 고치시오.
23년 7급, 19년 9급(6월)

쌉쌀하게	해슥하다	핫옷
엇셈	듬북	법석
싹둑	깍두기	

(　　　　　　　　　)

[정답]
해슥하다 → 해쓱하다, 듬북 → 듬뿍

민숙쌤의 개념 PLUS⁺

된소리 유형 연습하기

01 다음 <보기>에 있는 단어들에 대한 설명으로 알맞은 것은?

<보기>
소쩍새, 오빠, 거꾸로

① 'ㄱ, ㅂ' 받침 뒤에서 나는 된소리는 된소리로 적지 아니한다.
② 'ㄷ'으로 적을 근거가 없는 것은 된소리로 적지 아니한다.
③ 고유어나 한자어 뒤에서 나는 된소리는 된소리로 적는다.
④ 두 모음 사이에서 된소리로 발음되는 것은 된소리로 적는다.

02 다음 중 틀린 표기의 단어는?

제5항 한 단어 안에서 뚜렷한 까닭 없이 나는 된소리는 다음 음절의 첫소리를 된소리로 적는다.
　1. 두 모음 사이에서 나는 된소리
　2. 'ㄴ, ㄹ, ㅁ, ㅇ' 받침 뒤에서 나는 된소리
다만, 'ㄱ, ㅂ' 받침 뒤에서 나는 된소리는, 같은 음절이나 비슷한 음절이 겹쳐 나는 경우가 아니면 된소리로 적지 아니한다.

① 김치가 약간 짭짤하다.　② 그는 옷을 거꾸로 입었다.
③ 그릇에 밥을 담뿍 퍼 담다.　④ 장모가 될 분께 넙쭉 절했다.

03 다음 중 표기가 잘못된 것은?

① 살짝　② 거꾸로　③ 잔뜩　④ 싹뚝

답) 01 ④　02 ④　03 ④

17 한글 맞춤법: 소리에 관한 것

3. 'ㄷ' 소리 받침

제7항 'ㄷ' 소리로 나는 받침 중에서 'ㄷ'으로 적을 근거가 없는 것은 'ㅅ'으로 적음

- 'ㄷ'으로 적을 근거가 없는 것: **'ㅅ'으로 표기**
  - [예] 덧저고리, 돗자리, 무릇, 웃어른, 엇셈, 핫옷
    — 안에 솜을 두어 만든 옷
- 'ㄷ'으로 적을 근거가 있는 것: **'ㄷ'으로 표기**
  - [예]
    - 벼 낟가리 — 낟알이 붙은 곡식을 그대로 쌓은 더미
    - 지금 태풍의 진로를 볼 때, 보니 곧장 남쪽으로 갈 것 같습니다.
    - 걷잡을 수 없이 거센 불길 — 옆길로 빠지지 아니하고 곧바로
      — 한 방향으로 치우쳐 흘러가는 형세 따위를 붙들어 잡다.

4. 겹쳐 나는 소리

제13항 한 단어 안에서 같은 음절이나 비슷한 음절이 겹쳐 나는 부분은 같은 글자로 적음 [예] 꼿꼿하다, 쌉쌀하다, 똑딱똑딱, 짭짤하다, 쓱싹쓱싹

II. 국어 규범

18 한글 맞춤법: 형태에 관한 것

1. 체언과 조사

제14항 체언과 조사는 구별하여 적음 예) 꽃이, 밭을

2. 어간과 어미

제15항 용언의 어간과 어미는 구별하여 적음 예) 입다, 입고, 입어

제18항 어간이나 어미가 원칙에서 벗어나면 벗어나는 대로 적음
- 용언의 활용
  - 규칙 활용
    - 'ㅡ' 탈락: 어간의 끝 'ㅡ' + 모음 어미 예) 쓰다, 잠그다, 치르다
    - 'ㄹ' 탈락: 어간의 끝 'ㄹ' + 자음 어미 'ㄴ, ㅂ, ㅅ' 및 '-(으)오, -(으)ㄹ' 예) 알다
  - 불규칙 활용
    - 어간이 바뀌는 경우
      - 'ㅅ' 불규칙 예) 짓다, 잇다
      - 'ㅂ' 불규칙 예) 돕다
      - 'ㄷ' 불규칙 예) 걷다, 붇다
      - '르' 불규칙 예) 흐르다
      - '우' 불규칙 예) 푸다
    - 어미가 바뀌는 경우
      - '여' 불규칙 예) 공부하다
      - '러' 불규칙 예) 푸르다
      - '오' 불규칙 예) 달다
      - * '너라' 불규칙(2017년 2분기에 없어짐)
    - 어간과 어미가 바뀌는 경우: 'ㅎ' 불규칙
      예) 파랗다, 퍼렇다

18 한글 맞춤법: 형태에 관한 것

3. 접미사가 붙어서 된 말

제19항, 제21항

어간 +
- 모음 접미사
  - 어간+'-이', '-음/-ㅁ': 어간의 원형을 밝혀 적음
    예 높이(높-+-이), 믿음(믿-+-음)
  - 어간+'-이', '-음/-ㅁ' 외의 모음 접미사: 소리나는 대로 적음
    예 마중(맞-+-웅), 무덤(묻-+-엄)
- 자음 접미사
  - 어간+자음 접미사: 어간의 원형을 밝혀 적음
    예 굵다랗다, 넓적하다, 늙수그레하다, 뜯적거리다
  - 명사+자음 접미사: 명사의 원형을 밝혀 적음
    예 빛깔, 장사꾼

한글 맞춤법 제19항의 다만
어간에 '-이'나 '-음'이 붙어서 명사로 바뀐 것이라도 그 어간의 뜻과 멀어진 것은 원형을 밝히어 적지 아니한다.
예
- 거름(비료): 걸-+-음
- 노름(도박): 놀-+-음
- 목거리(목병): 목+걸-+-이

한글 맞춤법 제21항의 다만
다음과 같은 말은 소리대로 적는다.
(1) 겹받침의 끝소리가 드러나지 아니하는 것
  예 널따랗다, 널찍하다, 실큼하다, 알따랗다, 짤따랗다, 말쑥하다, 말끔하다
  └ 싫은 생각이 있다.
(2) 어원이 분명하지 아니하거나 본뜻에서 멀어진 것
  예 넙치, 올무, 골막하다, 납작하다
  └ 담긴 것이 가득 차지 아니하고 조금 모자란 듯하다.

군무원 기출 PLUS⁺
다음 중 알맞은 표기에 ○ 표시하시오.   19년 9급 (6월)

01 우리는 넓다란/널따란 바위 위에 자리를 잡았다.
02 밀가루 반죽을 홍두깨로 넓적하게/넙쩍하게 편다.
03 그 집 지붕에는 얇다란/얄따란 함석판들이 이어져 있었다.
04 그는 어머니를 생각하며 굵다란/굵따란 눈물을 뚝뚝 흘렸다.

[정답]
01 널따란   02 넓적하게
03 얄따란   04 굵다란

심화 PLUS⁺

- **어간의 원형을 밝혀 적지 않는 경우**
  - 명사 뒤에 '-이' 이외의 모음으로 시작된 접미사가 붙어서 된 말
    [예] 꼬락서니, 끄트머리, 바가지, 바깥, 사타구니, 이파리, 지붕, 싸라기
  - 명사 뒤에 '-이', '-음' 이외의 모음으로 시작된 접미사가 붙어서 된 말
    [예] 무덤(묻-+-엄), 주검(죽-+-엄), 마개(막-+-애), 마감(막-+-암)
  - '-업-, -읍-, -브-'가 붙어서 된 말
    [예] • 믿-+-업-다: 미덥다
         • 웃-+-읍+-다: 우습다
         • 믿-+-브+-다: 미쁘다

- **어간의 원형을 밝혀 적는 경우**
  - 접미사 '-이-, -히-, -리-, -기-, -우-, -구-, -추-, -으키-, -이키-, -애-'가 붙어서 이루어진 말
    [예] 쌓이다, 굳히다, 울리다, 맡기다, 돋우다, 돋구다, 갖추다, 일으키다, 돌이키다, 없애다
  - 접미사 '-치-, -뜨리-, -트리-'가 붙어서 이루어진 말
    [예] 놓치다, 덮치다, 떠받치다, 받치다, 부딪치다, 엎치다, 부딪뜨리다/부딪트리다

18 한글 맞춤법: 형태에 관한 것

4. 합성어 및 접두사가 붙은 말

제30항: 사이시옷 관련 조항
제27항~제29항, 제31항

구분	조건	예
원형을 밝혀 적음	합성어, 접두 파생어	꽃잎, 헛웃음
원형을 밝혀 적지 않음	어원은 분명하나 소리만 특이하게 변한 것	할아버지, 할아범
	어원이 분명하지 않은 것	골병, 골탕, 며칠, 부리나케, 오라비, 아재비, 업신여기다
	'이[齒, 虱]'가 합성어나 이에 준하는 말에서 '니' 또는 '리'로 소리 나는 것 : '니'로 적음	젖니가 빠진 뒤에 나는 이 ─ 덧니, 송곳니, 아랫니, 간니, 사랑니, 앞니, ─ 잇과의 곤충 / 어금니, 윗니, 젖니, 톱니, 틀니, 가랑니, 머릿니 / 유아기에 사용한 뒤 갈게 되어 있는 이 ─ 서캐에서 깨어 나온 지 얼마 안 되는 새끼 이
	'ㄹ' 소리가 나지 않는 것	다달이(달-달-이), 따님(딸-님), 마되(말-되), 마소(말-소), 무자위(물-자위), 바느질(바늘-질), ─ 말과 되를 아울러 이르는 말 / 부삽(불-삽), 부손(불-손), 싸전(쌀-전), ─ 물을 높은 곳으로 퍼 올리는 기계 / 여닫이(열-닫이), 우짖다(울-짖다), 화살(활-살) ─ 화로에 꽂아 두고 쓰는 작은 부삽
	'ㄹ' 소리가 'ㄷ' 소리로 나는 것 : 'ㄷ'으로 적음	반짇고리(바느질~), 사흗날(사흘~), 잗주름(잘~), 푿소(풀~), 숟가락(술~), ─ 음력 삼월 초사흗날 / 삼짇날(삼질~), 섣달(설~), 이튿날(이틀~), ─ 음력으로 한 해의 맨 끝 달 / 섣부르다(설~), 잗다듬다(잘~), 잗다랗다(잘~) ─ 솜씨가 설고 어설프다.
	'ㅂ' 소리가 덧나는 것	멥쌀(메ㅂ쌀), 볍씨(벼ㅂ씨), 입때(이ㅂ때), 입쌀(이ㅂ쌀), 접때(저ㅂ때), 햅쌀(해ㅂ쌀), 좁쌀(조ㅂ쌀), 댑싸리(대ㅂ싸리) ─ 명아줏과의 한해살이 풀
	'ㅎ' 소리가 덧나는 것	머리카락(머리ㅎ가락), 살코기(살ㅎ고기), 안팎(안ㅎ밖), 수캐(수ㅎ개), 암캐(암ㅎ개), 수컷(수ㅎ것), 암컷(암ㅎ것), 수탉(수ㅎ닭), 암탉(암ㅎ닭)

제30항

사이시옷의 표기

구분	사이시옷 표기 ○	사이시옷 표기 ×
1	사잇소리 현상이 일어나는 경우	사잇소리 현상이 일어나지 않는 경우
2	**합성 명사**(명사+명사)일 때 [예] 뱃길, 촛불	**파생어**일 때 [예] 해님, 나라님

3	**앞말**에 **받침**이 **없고** 뒷말이 아래와 같이 시작될 때
	― ㄱ, ㄷ, ㅂ, ㅅ, ㅈ
	  [예] 냇가, 맷돌, 나룻배, 조갯살, 전셋집
	― ㄴ, ㅁ
	  [예] 훗날, 툇마루, 제삿날, 시냇물
	― 모음 'ㅣ' 또는 반모음 'ㅣ'(야, 여, 요, 유 등)
	  [예] 훗일, 두렛일, 가욋일
		뒷말이 **된소리**나 **거센소리**로 시작할 때
		― 된소리(ㄲ, ㄸ, ㅃ, ㅉ)
		  [예] 뒤꿈치, 뒤뜰, 위쪽
		― 거센소리(ㅋ, ㅌ, ㅍ, ㅊ)
		  [예] 뒤태, 뒤편, 뒤처리

4	합성어의 두 구성 요소 가운데 하나 이상이 **순우리말**일 때
	[예] ― 순우리말 + 순우리말: 귓밥, 머릿기름
	    ― 순우리말 + 한자어: 아랫방(-房), 샛강(-江)
	    ― 한자어 + 순우리말: 곗날(契-), 예삿일(例事-)
		합성어이지만 **한자어로만 구성**되거나 **외래어를 포함**하고 있는 경우
		[예] ― 한자어 + 한자어: 전세방(傳貰房)
		    ― 외래어 + 순우리말: 핑크빛, 피자집

예외적으로 사이시옷을 표기하는 한자어(6개): **곳간**(庫間), **툇간**(退間), **찻간**(車間), **숫자**(數字), **횟수**(回數), **셋방**(貰房)

민숙쌤의 개념 PLUS⁺

사이시옷이 잘못 표기된 단어 찾기

갯수	햇님	윗층
뱃탈	냇과	횟병
뒷뜰	뒷편	냇가
마굿간	만둣국	맥줏집
맥줏잔	농삿일	머릿말
뱃멀미	보릿쌀	선짓국
소싯적	예삿말	예삿일
인삿말	전셋방	꼬릿말
날갯짓	시곗바늘	예삿소리
등굣길	나랏님	꼭짓점

[답] 갯수, 햇님, 윗층, 뱃탈, 냇과, 횟병, 뒷뜰, 뒷편, 마굿간, 맥줏잔, 농삿일, 머릿말, 보릿쌀, 예삿말, 인삿말, 전셋방, 꼬릿말, 예삿소리, 나랏님

군무원 기출 PLUS⁺

01 다음 중 사이시옷의 형성 원리가 다른 하나를 골라 ○ 표시하시오.
17년 9급

제삿날	가욋일
툇마루	양칫물

02 다음 중 사이시옷의 형성 원리가 '근삿값'과 동일한 단어를 골라 ○ 표시하시오.
19년 9급 (6월)

시냇물	조갯살
전셋집	두렛일

[정답]
01 가욋일   02 전셋집

18 한글 맞춤법: 형태에 관한 것

심화 PLUS⁺

사이시옷 관련 조항

제30항 사이시옷은 다음과 같은 경우에 받치어 적는다.

1. 순우리말로 된 합성어로서 앞말이 모음으로 끝난 경우

(1) 뒷말의 첫소리가 된소리로 나는 것

나뭇가지	귓밥	나룻배	고랫재
냇가	머릿기름	모깃불	선짓국
아랫집	쳇바퀴	잇자국	잿더미
혓바늘	핏대	햇볕	우렁잇속

- 고랫재: 방고래에 모여 쌓인 재
- 우렁잇속: 1. 내용이 복잡하여 헤아리기 어려운 일을 비유적으로 이르는 말 2. 품은 생각을 모두 털어놓지 아니하는 의뭉스러운 속마음을 비유적으로 이르는 말

(2) 뒷말의 첫소리 'ㄴ, ㅁ' 앞에서 'ㄴ' 소리가 덧나는 것

잇몸	아랫니	텃마당	멧나물
빗물	냇물	깻묵	

- 텃마당: 타작할 때에 공동으로 쓰려고 닦아 놓은 마당
- 멧나물: 산에서 나는 나물
- 깻묵: 기름을 짜고 남은 깨의 찌꺼기

(3) 뒷말의 첫소리 모음 앞에서 'ㄴㄴ' 소리가 덧나는 것

나뭇잎	뒷일	도리깻열	뒷윷
베갯잇	욧잇	깻잎	두렛일
댓잎			

- 도리깻열: 도리깨의 한 부분
- 뒷윷: 윷판에서 뒷밭의 네 번째 자리
- 욧잇: 요의 몸에 닿는 쪽에 시치는 흰 헝겊
- 두렛일: 여러 사람이 두레를 짜서 함께 하는 농사일

2. 순우리말과 한자어로 된 합성어로서 앞말이 모음으로 끝난 경우

(1) 뒷말의 첫소리가 된소리로 나는 것

귓병	머릿방	뱃병	사잣밥
샛강	아랫방	자릿세	전셋집
텃세	핏기	횟배	횟가루
햇수			

- 횟배: 회충으로 인한 배앓이
- 사잣밥: 초상난 집에서 죽은 사람의 넋을 부를 때 저승사자에게 대접하는 밥

(2) 뒷말의 첫소리 'ㄴ, ㅁ' 앞에서 'ㄴ' 소리가 덧나는 것

| 곗날 | 제삿날 | 훗날 | 양칫물 |

(3) 뒷말의 첫소리 모음 앞에서 'ㄴㄴ' 소리가 덧나는 것

| 예삿일 | 훗일 | 가욋일 | 사삿일 |

- 가욋일: 필요 밖의 일
- 사삿일: 개인의 사사로운 일

3. 두 음절로 된 다음 한자어

곳간(庫間)	셋방(貰房)	숫자(數字)	찻간(車間)
툇간(退間)	횟수(回數)		

군무원 기출 PLUS⁺

다음 단어의 표기가 맞으면 ○, 틀리면 ✕표시하시오.

01 시금칫국	13년 9급 ( )
02 동치미국	13년 9급 ( )
03 낚시터	11년 9급 ( )
04 낚시꾼	11년 9급 ( )
05 낚시대	11년 9급 ( )
06 공기밥	22년 9급 ( )
07 인사말	22년 9급 ( )
08 뒤처리	22년 9급 ( )
09 편지글	22년 9급 ( )
10 햇님	25년 9급 ( )
11 윗문장	25년 9급 ( )
12 아랫입술	25년 9급 ( )
13 가윗표	25년 9급 ( )

[정답]
01 ○ 02 ✕ (동치밋국) 03 ○
04 ○ 05 ✕ (낚싯대) 06 ✕ (공깃밥)
07 ○ 08 ○ 09 ○
10 ✕ (해님) 11 ✕ (윗 문장) 12 ○
13 ✕ (가위표)

5. 준말

제32항~제40항

- 단어의 끝모음이 줄어지고 자음만 남은 것은 앞 음절 받침으로 적음

본말	준말	본말	준말
가지고, 가지지	1)	기러기야	2)
디디고, 디디지	3)	어제그저께	4)
서두르다	5)	어제저녁	6)

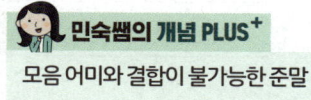

민숙쌤의 개념 PLUS⁺
모음 어미와 결합이 불가능한 준말
예) 갖다(갖은 ×), 딛다(딛은 ×), 서둘다(서둘은 ×), 서툴다(서툴은 ×)

- 체언과 조사가 어울려 줄어지는 경우 준 대로 적음

본말	준말	본말	준말
그것은	7)	그것이	8)
그것으로	9)	나는	10)
나를	11)	무엇을	12)

민숙쌤의 개념 PLUS⁺
'짓무르다'의 준말
'무르다'가 '물다'로 줄 수 없기 때문에 '짓무르다'의 준말 '짓물다'도 비표준어로 본다.

- 모음 'ㅗ, ㅜ'로 끝난 어간에 '-아/-어, -았-/-었-'이 어울려 'ㅘ/ㅝ, ㅆ/ㅆ'으로 될 적에는 준 대로 적음

본말	준말	본말	준말
꼬아	13)	꼬았다	14)
보아	15)	보았다	16)

답
1) 갖고, 갖지 2) 기력아 3) 딛고, 딛지 4) 엊그저께 5) 서둘다 6) 엊저녁 7) 그건
8) 그게 9) 그걸로 10) 난 11) 날 12) 뭣을/무얼/뭘 13) 꽈
14) 꽜다 15) 봐 16) 봤다

18 한글 맞춤법: 형태에 관한 것

붙임 '뇌' 뒤에 '-어, -었-'이 어울려 'ᅫ, 왰'으로 될 적에도 준 대로 적음

본말	준말	본말	준말
괴어	1)	괴었다	2)
되어	3)	되었다	4)
뵈어	5)	뵈었다	6)
쇠어	7)	쇠었다	8)

- 'ㅣ' 뒤에 '-어'가 와서 'ㅕ'로 줄 적에는 준 대로 적음

본말	준말	본말	준말
가지어	9)	가지었다	10)
견디어	11)	견디었다	12)
다니어	13)	다니었다	14)
막히어	15)	막히었다	16)
내디디어	17)	내디디었다	18)

- 'ㅏ, ㅗ, ㅜ, ㅡ' 뒤에 '-이어'가 어울려 줄 적에는 준 대로 적음

본말	준말	본말	준말
꼬이어	19)	보이어	20)
뜨이어	21)	쏘이어	22)
쓰이어	23)	트이어	24)

민숙쌤의 개념 PLUS⁺

'되/돼' 구별하기

1. 나는 공무원이 (되, 되어, 돼, 돼어) 기쁘다.
2. 공무원이 (되면, 돼면) 좋을 것이다.
3. 일이 뜻대로 (되, 되어, 돼, 돼어) 간다.
4. 나도 가게 (됬다, 되었다, 됐다)
5. 사기꾼이 (되면, 돼면) (안 되, 안 돼)
6. 나는 선생님이 (되어, 되서, 되어서, 돼, 돼어서, 돼서) 자랑스럽다.

답 1. 되어, 돼 2. 되면 3. 되어, 돼 4. 되었다, 됐다 5. 되면, 안 돼 6. 되어, 되어서, 돼, 돼서

민숙쌤의 개념 PLUS⁺

'ㅏ, ㅗ, ㅜ, ㅡ' 뒤에 '-이어'가 어울려 줄 때 주의 사항

중복해서 줄여 쓰지 않는다.

예 • 쓰이어 → 씌여(×)
　　• 트이어 → 틔여(×)

답 1) 괘 2) 괬다 3) 돼 4) 됐다 5) 봬 6) 뵀다 7) 쇄
8) 쇘다 9) 가져 10) 가졌다 11) 견뎌 12) 견뎠다 13) 다녀 14) 다녔다
15) 막혀 16) 막혔다 17) 내디뎌 18) 내디뎠다 19) 꼬여, 꾀어 20) 보여, 뵈어 21) 뜨여, 띄어
22) 쏘여, 쐬어 23) 쓰여, 씌어 24) 트여, 틔어

- 모음 'ㅏ, ㅓ'로 끝난 어간에 '-아/-어, -았-/-었-'이 어울릴 적에는 준 대로 적음

본말	준말	본말	준말
가아	1)	가았다	2)
서어	3)	서었다	4)

붙임 1 'ㅐ, ㅔ' 뒤에 '-어, -었-'이 어울려 줄 적에는 준 대로 적음

본말	준말	본말	준말
개어	5)	개었다	6)
베어	7)	베었다	8)

붙임 2 '하여'가 한 음절로 줄어서 '해'로 될 적에는 준 대로 적음

본말	준말	본말	준말
하여	9)	하였다	10)
더하여	11)	더하였다	12)
흔하여	13)	흔하였다	14)

답 1) 가 2) 갔다 3) 서 4) 섰다 5) 개 6) 갰다 7) 베
8) 벴다 9) 해 10) 했다 11) 더해 12) 더했다 13) 흔해 14) 흔했다

18 한글 맞춤법: 형태에 관한 것

- 어간의 끝음절 '하'의 'ㅏ'가 줄고 'ㅎ'이 다음 음절의 첫소리와 어울려 거센소리로 될 적에는 거센소리로 적음

본말	준말	본말	준말
간편하게	1)	다정하다	2)
연구하도록	3)	흔하다	4)

붙임 1 'ㅎ'이 어간의 끝소리로 굳어진 것은 받침으로 적음
[예] 그렇다, 아무렇다, 않다, 어떻다, 이렇다, 저렇다

붙임 2 어간의 끝음절 '하'가 아주 줄 적에는 준 대로 적음

본말	준말	본말	준말
넉넉하게	5)	거북하지	6)
생각하건대	7)	익숙하지 않다	8)

붙임 3 다음과 같은 부사는 소리대로 적음
[예] 결단코, 결코, 기필코, 무심코, 아무튼, 요컨대, 정녕코, 필연코, 하마터면, 하여튼, 한사코

- 어미 '-지' 뒤에 '않-'이 어울려 '-잖-'이 될 적과 '-하지' 뒤에 '않-'이 어울려 '-찮-'이 될 적에는 준 대로 적음

본말	준말	본말	준말
변변하지 않다	9)	평범하지 않다	10)
익숙하지 않다	11)	넉넉하지 않다	12)
적지 않은	13)	–	

답 1) 간편케 2) 다정타 3) 연구토록 4) 흔타 5) 넉넉게 6) 거북지 7) 생각건대
8) 익숙지 않다 9) 변변찮다 10) 평범찮다 11) 익숙잖다 12) 넉넉잖다 13) 적잖은

6. 그 밖의 것

제51항 부사의 끝음절이 분명히 '이'로만 나는 것은 '-이'로 적고, '히'로만 나거나 '이'나 '히'로 나는 것은 '-히'로 적음

- '이'로 적는 것
  - 겹쳐 쓰인 명사 뒤 예) 간간이, 겹겹이, 곳곳이
  - 'ㅅ' 받침 뒤 예) 기웃이, 가붓이, 깨끗이, 나붓이, 느긋이
  - 'ㅂ' 불규칙 용언의 어간 뒤 예) 가까이, 가벼이
  - '-하다'가 붙지 않는 용언 어간 뒤 예) 같이, 굳이
  - 부사 뒤 예) 곰곰이, 더욱이, 오뚝이, 히죽이
- '히'로 적는 것
  - '-하다'가 붙는 어근 뒤 예) 간편히, 고요히, 공평히
  - '-하다'가 붙는 어근에 '-히'가 결합하여 된 부사에서 온 말
    예) 익히(← 익숙히), 특히(← 특별히)

제56항 '-더라, -던' / '-든지'

- '-더라, -던': 지난 일을 나타내는 어미
  - 예) • 지난겨울은 몹시 춥더라.
    • 그 사람 말 잘하던데!
- '-든지': 물건이나 일의 내용을 가리지 않음을 나타내는 조사와 어미
  - 예) • 배든지 사과든지 마음대로 먹어라.
    • 가든지 오든지 마음대로 해라.

민숙쌤의 개념 PLUS⁺

규칙이 적용되지 않는 어휘
예) 고즈넉이, 깊숙이, 끔찍이, 나지막이, 나직이, 납작이, 삐죽이, 수북이, 축축이, 큼직이

군무원 기출 PLUS⁺

다음 중 맞춤법에 맞으면 ○, 틀리면 × 표시하시오. 24년 9급

01 깨끗히 ( )
02 가득히 ( )
03 조용히 ( )
04 고스라이 ( )

[정답]
01 × (깨끗이)   02 ○
03 ○   04 × (고스란히)

18 한글 맞춤법: 형태에 관한 것

군무원 빈출 포인트 연습 문제

[01~14] 맞춤법에 맞지 않는 표기를 고르시오.

01	① 칼럼란	② 가정란	③ 정답란
02	① 흡입량	② 구름양	③ 장농
03	① 얼룩배기	② 나이배기	③ 이마빼기
04	① 판때기	② 거적때기	③ 상판때기
05	① 새까맣다	② 싯퍼렇다	③ 샛노랗다
06	① 닐리리	② 돌나물	③ 페트병
07	① 낚시꾼	② 오뚜기	③ 싸라기
08	① 딱다구리	② 법석	③ 깍두기
09	① 삐주기	② 뻐꾸기	③ 부스러기
10	① 사흘날	② 벼씨	③ 웃어른
11	① 베갯잇	② 콧병	③ 윗층
12	① 하마트면	② 밋밋하다	③ 끄트머리
13	① 이파리	② 바가지	③ 미다지
14	① 잗주름	② 섣부르다	③ 풋소

[15~26] 사이시옷 표기가 틀린 것을 고르시오.

15	① 구둣발	② 공깃밥	③ 촛점
16	① 꼭짓점	② 댓가	③ 아랫집
17	① 볏가리	② 가겟집	③ 뒷풀이
18	① 선짓국	② 수랏간	③ 댓가지
19	① 장밋과	② 화젯거리	③ 푯말
20	① 나뭇잎	② 소나기밥	③ 연두빛
21	① 머릿말	② 버드나뭇과	③ 봇둑
22	① 덩치값	② 전세방	③ 개수
23	① 화병(火病)	② 찻간(車間)	③ 키값
24	① 등교길	② 아래층	③ 낚시꾼
25	① 노랫말	② 인삿말	③ 순댓국
26	① 사삿일	② 차주전자	③ 노잣돈

정답

01 ① 칼럼란 → 칼럼난
02 ③ 장농 → 장롱
03 ① 얼룩배기 → 얼룩빼기
04 ③ 상판때기 → 상판대기
05 ② 싯퍼렇다 → 시퍼렇다
06 ① 닐리리 → 늴리리
07 ② 오뚜기 → 오뚝이
08 ① 딱다구리 → 딱따구리
09 ① 삐주기 → 삐죽이
10 ② 벼씨 → 볍씨
11 ③ 윗층 → 위층
12 ① 하마트면 → 하마터면
13 ③ 미다지 → 미닫이
14 ③ 풋소 → 푿소
15 ③ 촛점 → 초점
16 ② 댓가 → 대가
17 ③ 뒷풀이 → 뒤풀이
18 ② 수랏간 → 수라간
19 ① 장밋과 → 장미과
20 ③ 연두빛 → 연둣빛
21 ① 머릿말 → 머리말
22 ① 덩치값 → 덩칫값
23 ③ 키값 → 킷값
24 ① 등교길 → 등굣길
25 ② 인삿말 → 인사말
26 ② 차주전자 → 찻주전자

[27~31] 다음 단어의 준말을 쓰시오.

27 섭섭하지

28 익숙하지

29 적지 않다

30 생각하건대

31 변변하지 않다

[32~50] 다음 밑줄 친 부분의 표기가 맞으면 ○, 틀리면 X 표시하시오.

32 숫병아리가 내게로 다가왔다.

33 대화는 열기를 띠기 시작했다.

34 건물이 부숴진 지 오래되었다.

35 밖에 있던 그가 금세 뛰어왔다.

36 그에게는 다섯 살바기 딸이 있다.

37 일이 얼키고설켜서 풀기가 어렵다.

38 요즘 재산을 털어먹는 사람이 많다.

39 모두 소매를 걷어붙이고 달려들었다.

40 나는 그 일을 시덥지 않게 생각한다.

41 다음 물음에 '예/아니오'로 답하시오.

42 뒷뜰에 있는 옥수수나 따서 가져올게.

43 강아지가 고깃덩어리를 넙죽 받아먹었다.

44 이제 각자의 답을 정답과 맞혀 보도록 해라.

45 사용하신 후에는 수도꼭지를 꼭 잠궈 주세요.

46 나는 가방을 얻다가 두었는지 기억이 나지 않는다.

47 앉은 자세가 곧바라야 허리에 무리가 가지 않는다.

48 아침부터 오던 비가 개이고, 하늘에는 구름 한 점 없다.

49 방학 동안 몸이 부는 바람에 작년에 산 옷이 맞지 않았다.

50 넉넉치 않은 형편에도 불구하고 도움을 주셔서 감사합니다.

정답

27 섭섭지
28 익숙지
29 적잖다
30 생각건대
31 변변찮다
32 X (숫병아리 → 수평아리)
33 ○
34 X (부숴진 → 부서진)
35 ○
36 X (다섯 살바기 → 다섯 살배기)
37 X (얼키고설켜서 → 얽히고설켜서)
38 ○
39 ○
40 X (시덥지 → 시답지)
41 X (아니오 → 아니요)
42 X (뒷뜰 → 뒤뜰)
43 ○
44 X (맞혀 → 맞춰)
45 X (잠궈 → 잠가)
46 ○
47 X (곧바라야 → 곧발라야)
48 X (개이고 → 개고)
49 X (부는 → 붇는)
50 X (넉넉치 → 넉넉지)

II. 국어 규범

19. 한글 맞춤법: 띄어쓰기

1. 조사

제41항 조사는 그 앞말에 붙여 씀

예) 꽃처럼, 꽃마저, 꽃에서부터, 말하면서까지도, 사과하기는커녕, 옵니다그려, 학교에서만이라도

2. 의존 명사, 단위를 나타내는 명사 및 열거하는 말 등

제42항

— 의존 명사는 **띄어 씀**
  예) • 나도 할 수 있다.
  • 아는 것이 힘이다.
  • 어떤 분이 선생님을 찾아 오셨습니다.
  • 그럴 리가 없다.

— 경우에 따라 구별해서 써야 하는 말

구분		설명	예
대로, 만큼, 뿐	의존 명사	용언의 관형사형 뒤에서 띄어 씀	• 아는 대로 말한다. • 애쓴 만큼 얻는다. • 웃을 뿐이다.
	조사	체언 뒤에 붙여 씀	• 처벌하려면 법대로 해라. • 집을 대궐만큼 크게 짓다. • 가진 것은 이것뿐이다.
만	의존 명사	'어간 + 관형사형 전성어미' 뒤에서 띄어 씀	좋을 만도 하다.
	보조 형용사	'어간 + 관형사형 전성어미' 뒤에서 '만 하다' 꼴로 쓰이며 띄어 씀	좋을 만하다.
	의존 명사	체언(시간○, 횟수○) 뒤에서 띄어 씀	• 떠난 지 사흘 만에 돌아왔다. • 세 번 만에 합격하였다.
	조사	체언(시간×, 횟수×) 뒤에서 붙여 씀	• 하나만 알고 둘은 모른다. • 사과만 하다 / 사과만 한
	관형사	'햇수가 꽉 참'을 나타낼 때 띄어 씀	만 하루 동안 다 끝냈다.
	명사	주로 '만으로' 꼴로 쓰이며 띄어 씀	우리 아들은 만으로 세 살이다.

 군무원 기출 PLUS⁺

밑줄 친 부분의 띄어쓰기가 맞으면 ○, 틀리면 × 표시하시오. 24년 9급

01 집∨밖에 눈이 쌓였다. ( )
02 공부∨밖에 모르는 학생이군. ( )
03 맨∨손으로 땅을 팠다. ( )
04 한겨울에 얇은 옷만 입은 채. ( )

[정답]
01 ○　　02 × (공부밖에)
03 × (맨손으로)　　04 ○

 **민숙쌤의 개념 PLUS⁺**

꼭 알아 두어야 할 접미사
접미사는 반드시 앞말과 붙여 써야 함

• **-째**
  — 그대로, 전부
    예) 그릇째, 뿌리째
  — 차례, 등급, 동안
    예) 다섯 바퀴째, 이틀째, 사흘째

• **-쯤**: 알맞은 한도, 그만큼가량
  예) 그런 사정쯤, 내일쯤, 얼마쯤

• **-상, -하**
  — 위, 아래
    예) 지구상에는, 선반하
  — 추상적 공간에서의 한 위치, 그것과 관련된 조건이나 환경
    예) 인터넷상, 식민지하

민숙쌤의 개념 PLUS⁺

의존 명사 '간'이 결합한 합성어
합성어는 한 단어이므로, 의존 명사 '간'은 앞 단어에 붙여 쓴다.
예) 부부간, 부자간, 부녀간, 모자간, 모녀간, 남매간, 자매간, 형제간, 동기간, 고부간, 숙질간

구분		설명	예
지	의존 명사	시간의 경과를 나타낼 때 앞말과 띄어 씀	그가 떠난 지 보름이 지났다.
	어미	어미의 일부분일 때 붙여 씀 (-ㄴ지, -ㄹ지, -는지, -을지)	• 집이 큰지 작은지 모르겠다. • 어떻게 할지 모르겠다.
간	의존 명사	관계, 대상들 간의 사이를 뜻할 때 앞말과 띄어 씀	부모와 자식 간, 서울과 부산 간, 세대 간, 계층 간
	접미사	시간의 경과, 장소를 뜻할 때 앞말과 붙여 씀	삼십 일간 체류, 마구간
-걸	의존 명사	'-것을'의 준말일 때 앞말과 띄어 씀	버릴 걸 가지고 왔다.
	어미 (-ㄹ걸)	후회나 추측의 의미를 나타낼 때 앞말과 붙여 씀	• 진작 공부할걸. • 우리 동네에서 가장 오래된 건물은 기차역일걸.
들	의존 명사	두 개 이상의 사물을 열거하는 경우 앞말과 띄어 씀	쌀, 보리, 콩, 조, 기장 들을 오곡이라 한다.
	접미사	단어에 결합하여 복수를 나타내는 경우 앞말과 붙여 씀	여자들, 학생들

심화 PLUS⁺

더 알아두면 좋은 경우에 따라 구별해서 써야 하는 말

구분		설명	예
데	의존 명사	다른 명사로 대체 가능하며, 뒤에 조사가 올 때 앞말과 띄어 씀	• 자막을 만드는 데 3시간이 걸렸다. • 놀기 좋은 데가 있니? • 의지할 데 없는 사람
	어미 (-ㄴ데)	다른 명사로 대체 할 수 없으며 뒤에 조사가 붙지 않음	• 그는 키가 큰데 체구가 작다. • 내 고향은 여기인데, 너희 고향은 어디냐?
바	의존 명사	조사 결합 ○	• 어찌 할 바를 모른다. • 어찌 할 바 모른다. • 우리는 우리의 굳건한 의지를 내외에 천명하는 바이다.
	어미 (-ㄴ바)	조사 결합 X - 이/가, 을/를 넣어볼 것	• 서류를 검토한바 몇 가지 미비한 사항이 발견되었다. • 공사 기간 단축을 강요했던바 인부들이 불만을 가지게 되었다. • 회식이 있는바 전원 참석할 것

심화 PLUS⁺

'한 번'과 '한번'의 구별

- 한 번: 1회를 의미
  예) 지구는 하루 한 번 자전한다.

- 한번
  - '한번은' 꼴로 쓰임
    예) 한번은 이런 일도 있었다.
  - '한번 -아/어 보자' 꼴로 쓰임
    예) 한번 해 보자.
  - '강조'의 의미
    예) 춤 한번 잘 춘다.
  - '일단 한 차례'의 의미('일단'으로 대체 ○)
    예) 한번 물면 안 놓는다.

군무원 기출 PLUS⁺

밑줄 친 부분의 띄어쓰기가 맞으면 ○, 틀리면 X 표시하시오.
13년 9급, 22년 9급, 25년 9급

01 두 번째 기회를 놓쳤으니 다시 한번 도전해야지. (　)
02 한번은 네거리에서 큰 사고를 낼 뻔했다. (　)
03 고 녀석, 울음소리 한번 크구나. (　)
04 심심한데 노래나 한∨번 불러 볼까? (　)
05 여기가 우리 고향인 데 인심 좋고 경치 좋은 곳이지. (　)
06 저분이 그럴 분이 아니신데 큰 실수를 하셨다. (　)
07 그 책을 다 읽는데 삼 일이 걸렸다. (　)
08 많이 먹기는 먹는데 살이 찌지는 않는다. (　)

[정답]
01 ○　02 ○　03 ○　04 X (한번)
05 X (고향인데)　06 ○　07 X (읽는 데)
08 ○

19 한글 맞춤법: 띄어쓰기

-상, -하	접미사	위, 아래	지구상에는, 선반하
		추상적 공간에서의 한 위치, 그것과 관련된 조건이나 환경	인터넷상, 식민지하
밖에	명사 + 조사	바깥에	우주 밖에 나가 본 사람이 있을까
	조사	오직(only)	나를 알아주는 사람은 너밖에 없다
중	의존 명사	어떤 일이 진행되는 동안, 여럿 가운데	공부 중, 재학 중, 휴가 중, 외출 중
한번	명사	(주로 '한번은' 꼴로 쓰여) 지난 어느 때나 기회	한번은 그런 일도 있었지.
	부사	• (주로 '-어 보다' 구성과 함께 쓰여) 어떤 일을 시험 삼아 시도함을 나타내는 말 • 기회 있는 어떤 때에 • (명사 바로 뒤에 쓰여) 어떤 행동이나 상태를 강조하는 뜻을 나타내는 말 • 일단 한 차례	• 한번 해 보다. • 우리 집에 한번 놀러 오세요. • 너, 말 한번 잘했다. • 한번 물면 절대 놓지 않는다.

민숙쌤의 개념 PLUS⁺

의존 명사가 합성어로 쓰인 경우
- 중: 무의식중, 은연중, 밤중, 부재중

제43항 단위를 나타내는 명사는 띄어 씀

(1) 아라비아 숫자 + 단위성 의존 명사: 띄어쓰기, 붙여쓰기 모두 허용
예) 1446∨년 10∨월 9∨일 (O)   10∨미터 (O)
    1446년 10월 9일 (O)   10미터 (O)

(2) 한글로 쓰인 숫자 + 단위성 의존 명사: 띄어쓰기

예외

① 연월일
예) 일천구백팔십팔∨년 오∨월 이십∨일 (O)
    일천구백팔십팔년 오월 이십일 (O)

② 시분초
예) 아홉∨시 오십구∨분 사십∨초 (O)
    아홉시 오십구분 사십초 (O)

③ 순서나 차례를 나타내는 단위
예) 육∨층 (O)   삼∨학년 (O)   제삼∨장 (O)   제일∨과 (O)
    육층 (O)   삼학년 (O)   제삼장 (O)   제일과 (O)

군무원 기출 PLUS⁺

밑줄 친 부분을 띄어쓰기 규정에 따라 바르게 고치시오.

01 <u>제 1중대</u>가 최종 우승하였다.
   11년 9급
   (,   )

02 그 상자는 <u>보잘 것 없어</u> 보인다.
   18년 9급
   (   )

03 <u>하잘 것 없는</u> 일로 다투지 마세요.
   18년 9급
   (   )

04 내일까지 교재 <u>제 7권</u>을 준비해야 한다.
   15년 9급
   (,   )

05 <u>제 1차 세계 대전</u>은 1914년에 발발하였다.
   17년 9급
   (,   )

06 새 일꾼이 일도 <u>잘할 뿐더러</u> 성격도 좋다.
   18년 9급
   (   )

07 이 회사의 경비병들은 <u>물 샐 틈없이</u> 경비를 선다.
   22년 9급
   (   )

[정답]
01 제1∨중대, 제1중대
02 보잘것없어
03 하잘것없는
04 제7∨권, 제7권
05 제1∨차∨세계∨대전, 제1차∨세계∨대전
06 잘할뿐더러
07 물샐틈없이

심화 PLUS⁺

띄어쓰기를 주의해야 할 파생어와 합성어

품사	예
명사	지난주 - 지난봄 - 지난여름 - 지난가을 - 지난겨울, 마음속 - 물속 - 굴속, 부재중 - 그중 - 은연중 - 무의식중 - 한밤중, 평상시 - 비상시 - 필요시 - 유사시, 분리배출 - 분리수거, 한마디, 창밖, 온종일, 웃음판, 불볕더위, 남녀평등, 맞은편, 성안, 유학길
대명사	아무것
동사	알아보다 - 몰라보다 - 돌아보다 - 여쭈어보다 - 돌보다 - 물어보다 - 찾아보다, 도외시하다 - 재조정하다 - 같이하다 - 함께하다 - 마지못하다(마지못해) - 내로라하다 - 뒤로하다, 걸어오다 - 떠내려오다 - 가져오다 - 돌아오다, 넘어가다 - 들어가다 - 떠내려가다, 놀아나다 - 빛나다, 도와주다 - 알아주다, 주고받다 - 본받다, 불붙다, 덤벼들다, 가로막다, 그만두다, 떠돌아다니다, 날뛰다, 빌어먹다, 애쓰다
형용사	보잘것없다 - 하잘것없다 - 하릴없다 - 온데간데없다 - 올데갈데없다 - 물샐틈없다 - 그지없다 - 틀림없다 - 아낌없다 - 쓸데없다 - 관계없다 - 속절없다, 주책맞다, 오래되다
부사	네오내오없이 - 하릴없이 - 틀림없이, 온종일

제44항
- 수를 적을 적에는 **'만(萬)' 단위로 띄어 씀**
  - 예) 1,234,567,898 십이억 삼천사백오십육만 칠천팔백구십팔 (12억 3456만 7898)
- **금액을 적을 때는 붙여쓰기를 허용함**
  - 예) 일금: 삼십일만오천육백칠십팔원정

제45항 두 말을 이어주거나 열거할 적에 쓰이는 말들은 띄어 씀
예)
- 국장 겸 과장
- 부산, 광주 등지
- 사과, 배, 귤 등등
- 사과, 배 등속
- 열 내지 스물
- 이사장 및 이사들
- 책상, 걸상 등이 있다.
- 청군 대 백군

제46항 단음절로 된 단어가 연이어 나타날 적에는 붙여 쓸 수 있음
예)
- 이 말 저 말(○)/이말 저말(○)
- 한 잎 두 잎(○)/한잎 두잎(○)
- 좀 더 큰 것(○)/좀더 큰것(○)

민숙쌤의 개념 PLUS⁺
첩어나 준첩어: 붙여쓰기
예) 가끔가끔, 가만가만히, 곤드레만드레

군무원 기출 PLUS⁺
다음 문장을 바르게 띄어 쓰시오.

01 열내지스물   21년 7급
( )

02 십이억오십육만개   21년 7급
( )

03 좀더큰것을 주세요.   22년 9급
( )

04 딸도 만날겸 여행도 할겸   22년 9급
( )

[정답]
01 열∨내지∨스물
02 십이억∨오십육만∨개
03 좀∨더∨큰∨것 / 좀더∨큰것
04 딸도∨만날∨겸∨여행도∨할∨겸

19 한글 맞춤법: 띄어쓰기

3. 보조 용언

제47항 띄어쓰기(원칙)/경우에 따라 붙여쓰기(허용)

- 여기서 보조 용언은 '-아/-어' 뒤에 연결되는 보조 용언, 의존 명사에 '-하다'나 '-싶다'가 붙어서 된 보조 용언을 가리킴

원칙	허용
불이 꺼져 간다.	불이 꺼져간다.

- 반드시 띄어쓰기를 해야 하는 경우
  - **본용언에 조사**가 붙는 경우
    - 예) 책을 읽어도 보고, 조금 의심스러운 부분이 있어서 물어도 보았다.
  - 앞말이 **3음절 이상의 합성어·파생어**인 경우
    - 예) 강물에 떠내려가 버렸다. / 그릇을 깨뜨려 버렸다.
- 양, 체, 척, 법, 만, 듯 / 양하다, 체하다, 척하다, 법하다, 만하다, 듯하다
  - **양, 체, 척, 법, 만, 듯**: 의존 명사(띄어쓰기)   예) 애써 태연한 척을 했다.
  - **양, 체, 척, 만, 법, 듯 + '하다/싶다'** — 보조 용언(한 단어로 붙여쓰기)
    - 예) • 그는 매사에 아는 척한다.
    - • 먹구름이 낀 것이 폭우가 올 듯하다.
  - **중간에 조사가 들어갈 경우: 띄어쓰기**
    - 예) • 잘난 체를 하다.
    - • 하늘을 보니 비가 올 듯도 하다.

민숙쌤의 개념 PLUS⁺

보조 용언 관련 조항 해설

본용언이 합성어나 파생어라도 그 활용형이 2음절인 경우, 붙여 쓴 말이 너무 긴 것은 아니므로 본용언과 보조 용언을 붙여 쓸 수 있다.
예) • 나가 버렸다(O) / 나가버렸다(O)
• 더해 줬다(O) / 더해줬다(O)

4. 고유 명사 및 전문 용어

제48항 ~ 제50항

- **성과 이름, 성과 호** — **붙여쓰기**　[예] 김양수(金良洙), 서화담(徐花潭)
  - 덧붙는 호칭어나 관직명: 띄어쓰기
    [예] 채영신 씨, 최치원 선생, 충무공 이순신 장군
  - 분명히 구분할 필요가 있는 경우: 띄어쓰기 허용
    [예] 남궁억(○) / 남궁 억(○)
- **성명 이외의 고유 명사: 단어별로 띄어쓰기(원칙)/단위별로 띄어쓰기(허용)**
  [예] • 대한 중학교(○) / 대한중학교(○)
  　　 • 한국 대학교 사범 대학(○) / 한국대학교 사범대학(○)
- **전문 용어: 단어별로 띄어쓰기(원칙)/붙여쓰기(허용)**
  [예] 만성 골수성 백혈병(○) / 만성골수성백혈병(○)

심화 PLUS⁺

'안', '못'의 띄어쓰기

- '~ 되다'와 함께 부정문에 쓰인 경우
  - 안∨되다: '되다'의 반의어(의지 부정, 단순 부정)　[예] 나는 장관이 안 되다.
  - 못∨되다: '되다'의 반의어(능력 부정)　[예] 나는 장관이 못 되다.

- 안되다¹: '잘되다'의 반의어
  - 사람이 훌륭하게 되지 못하다.　[예] 자식이 안되기를 원하는 부모는 없다.
  - 일, 현상, 물건 따위가 좋게 이루어지지 않다.
    [예] 과일 농사가 안돼 걱정이다. / 경기가 안 좋아서 장사가 잘 안된다.
  - 일정한 수준이나 정도에 이르지 못하다.　[예] 우리 중 안되어도 세 명은 합격할 것 같다.

- 안되다²
  - 섭섭하거나 가엾어 마음이 언짢다.　[예] 어린 나이에 고생하는 것을 보니 마음이 안됐다.
  - 근심이나 병 따위로 얼굴이 많이 상하다.　[예] 몸살을 앓더니 얼굴이 많이 안됐구나.

- 못되다: 나쁘/뒤지지 않다.
  - 성질이나 품행 따위가 좋지 않거나 고약하다.　[예] 못된 심보
  - 일이 뜻대로 되지 않은 상태에 있다.　[예] 그 일이 못된 게 남의 탓이겠어.

19 한글 맞춤법: 띄어쓰기

군무원 빈출 포인트 연습 문제

[01~18] 다음 중 띄어쓰기가 바른 것을 고르시오.

01 그가 올듯도 / 올∨듯도 하다.

02 그 일은 할만하다 / 할∨만하다.

03 시험에 합격하여 뛸듯이 / 뛸∨듯이 기뻤다.

04 빠른 시일 내 지원해줄 / 지원해∨줄 것이다.

05 내가 몇등일지 / 몇∨등일지 걱정이 가득했다.

06 강물에 떠∨내려가∨버렸다 / 떠내려가∨버렸다.

07 고향을 떠나온지 / 떠나온∨지 벌써 5년이 지났다.

08 그는 돕기는커녕 / 돕기는∨커녕 방해할 생각만 했다.

09 못 본 사이에 키가 전봇대만큼 / 전봇대∨만큼 자랐구나.

10 열 길 물속 / 물∨속은 알아도 한 길 사람의 속은 모른다.

11 두번째 / 두∨번째 기회를 놓쳤으니 다시 한 번 도전해야지.

12 이 그릇은 귀한 거라 손님 대접하는데 / 대접하는∨데 쓴다.

13 나에게만이라도 / 나에게∨만이라도 행운이 찾아오면 좋겠다.

14 우리는 마을에서 불량배들을 쫓아내버렸다 / 쫓아내∨버렸다.

15 공부가 안될∨때에는 / 안∨될∨때에는 잠시 휴식을 취하는 것이 좋다.

16 낡은 그림 하나가 한쪽 / 한∨쪽 맞은편 벽에 걸려 있었다.

17 소비 절약을 호소하는 정공법밖에 / 정공법∨밖에 달리 도리는 없다.

18 이번 행사에서는 쓸모있는 / 쓸모∨있는 주머니 만들기를 하였다.

정답

01 올∨듯도
02 할∨만하다, 할만하다
03 뛸∨듯이
04 지원해∨줄
05 몇∨등일지
06 떠내려가∨버렸다
07 떠나온∨지
08 돕기는커녕
09 전봇대만큼
10 물속
11 두∨번째
12 대접하는∨데
13 나에게만이라도
14 쫓아내∨버렸다
15 안될∨때에는
16 한쪽
17 정공법밖에
18 쓸모∨있는

[19~35] 다음 문장에서 띄어쓰기가 틀린 부분을 찾아 바르게 고치시오.

19 한밤 중에 전화가 왔다.

20 이처럼 좋은걸 어떡해?

21 이끄는 대로 따라갈 밖에.

22 저 집은 부부 간에 금실이 좋아.

23 제 3장의 내용을 요약해 주세요.

24 공사를 진행한지 꽤 오래되었다.

25 집에 도착하는대로 전화하도록 해.

26 그는 일도 잘할 뿐더러 성격도 좋다.

27 그 이야기는 소문으로 들었을뿐이다.

28 대책 없이 쓸 데 없는 일만 골라 한다.

29 김양의 할머니는 안동 권씨라고 합니다.

30 그건 사실 아무 것도 아니니 걱정하지 말게.

31 저 사람은 아무래도 신뢰할만한 인물이 아니야.

32 조금 의심스러운 부분이 있어서 물어도보았다.

33 하루 종일 밥은 커녕 물 한 모금도 마시지 못했다.

34 형은 비밀이 드러날 것을 걱정하여 안절부절 못했다.

35 창조적 독해가 현실적인 문제 해결 방안으로 활용될 수 밖에 없다.

정답

19 한밤∨중 → 한밤중
20 좋은걸 → 좋은∨걸
21 따라갈∨밖에 → 따라갈밖에
22 부부∨간에 → 부부간에
23 제∨3장의 → 제3∨장의 / 제3장의
24 진행한지 → 진행한∨지
25 도착하는대로 → 도착하는∨대로
26 잘할∨뿐더러 → 잘할뿐더러
27 들었을뿐이다 → 들었을∨뿐이다
28 쓸∨데∨없는 → 쓸데없는
29 김양 → 김∨양
30 아무∨것도 → 아무것도
31 신뢰할만한 → 신뢰할∨만한
32 물어도보았다 → 물어도∨보았다
33 밥은∨커녕 → 밥은커녕
34 안절부절∨못했다 → 안절부절못했다
35 수∨밖에 → 수밖에

Ⅱ. 국어 규범

20 한글 맞춤법: 문장 부호

1. 문장 부호

마침표(.)

- 서술, 명령, 청유 등을 나타내는 문장의 끝에 씀
  - 예 젊은이는 나라의 기둥입니다. / 제 손을 꼭 잡으세요.
  - **붙임** 직접 인용한 문장의 끝에는 쓰는 것을 원칙으로 하되, 쓰지 않는 것을 허용함
    - 예 • 그는 "지금 바로 떠나자."라고 말하며 서둘러 짐을 챙겼다. (원칙 ○)
      - 그는 "지금 바로 떠나자"라고 말하며 서둘러 짐을 챙겼다. (허용 ○)
  - 다만, 제목이나 표어에는 쓰지 않음을 원칙으로 함
    - 예 압록강은 흐른다 / 꺼진 불도 다시 보자
- 아라비아 숫자만으로 연월일을 표시할 때 씀   예 2022. 7. 4. / 10. 1.~10. 12.
  - '연' 또는 '월' 또는 '일'만 쓰고자 할 때는 사용하지 않음
    - 예 개최 연도: 2014년(○) / 개최 연도: 2014.(×)
- 특정한 의미가 있는 날을 표시할 때 월과 일을 나타내는 아라비아 숫자 사이에 씀
  - **붙임** 이때는 마침표 대신 가운뎃점을 쓸 수 있음   예 3·1 운동 / 8·15 광복

물음표(?)

- 의문문이나 의문을 나타내는 어구의 끝에 씀
  - 예 • 점심 먹었어?
    - 이번에 가시면 언제 돌아오세요?
  - **붙임** 한 문장 안에 몇 개의 선택적인 물음이 이어질 때는 맨 끝의 물음에만 쓰고, 각 물음이 독립적일 때는 각 물음의 뒤에 씀
    - 예 • 선택적 물음: 너는 중학생이냐, 고등학생이냐?
      - 독립적 물음: 너는 언제 왔니? 어디서 왔니? 무엇하러 왔니?
- 특정한 어구의 내용에 대하여 의심, 빈정거림 등을 표시할 때, 또는 적절한 말을 쓰기 어려울 때 소괄호 안에 씀
  - 예 • 우리와 의견을 같이할 사람은 최 선생(?) 정도인 것 같다.
    - 30점이라, 거참 훌륭한(?) 성적이군.
    - 우리 집 강아지가 가출(?)을 했어요.

군무원 기출 PLUS⁺

물음표의 쓰임이 바르면 ○, 틀리면 ×표시하시오.   23년 9급

01 너는 중학생이냐? 고등학생이냐?   (   )

02 이번에 가시면 언제 돌아오세요?   (   )

03 주말 내내 누워서 텔레비전만 보고 있는 당신도 참 대단(?)하네요.   (   )

[정답]
01 × (너는 중학생이냐, 고등학생이냐?)
02 ○   03 ○

느낌표(!)

- 감탄문이나 감탄사의 끝에 씀 [예] 이거 정말 큰일이 났구나! / 어머!
- 특별히 강한 느낌을 나타내는 어구, 평서문, 명령문, 청유문에 씀
  [예] 청춘! 이는 듣기만 하여도 가슴이 설레는 말이다.
- 물음의 말로 놀람이나 항의의 뜻을 나타내는 경우에 씀 [예] 이게 누구야! / 내가 왜 나빠!

쉼표(,)

- 같은 자격의 어구를 열거할 때 그 사이에 씀 [예] 근면, 검소, 협동은 우리 겨레의 미덕이다.
  - [다만, (가)] 쉼표 없이도 열거되는 사항임이 쉽게 드러날 때는 쓰지 않을 수 있음
    [예] 아버지 어머니께서 함께 오셨어요. / 네 돈 내 돈 다 합쳐 보아야 만 원도 안 되겠다.
  - [다만, (나)] 열거할 어구들을 생략할 때 사용하는 줄임표 앞에는 쉼표를 쓰지 않음
    [예] 광역시: 광주, 대구, 대전……
- 짝을 지어 구별할 때 씀 [예] 닭과 지네, 개와 고양이는 상극이다.
- 문장 중간에 끼어든 어구의 앞뒤에 씀 [예] 나는, 솔직히 말하면, 그 말이 별로 탐탁지 않아.
  - 붙임 1 이때는 쉼표 대신 줄표를 쓸 수 있음
    [예] 나는―솔직히 말하면―그 말이 별로 탐탁지 않아.
  - 붙임 2 끼어든 어구 안에 다른 쉼표가 들어 있을 때는 쉼표 대신 <u>줄표</u>를 씀 ┌ 쉼표 사용 불가
    [예] 이것은 내 것이니까―아니, 내가 처음 발견한 것이니까―절대로 양보할 수가 없다.

가운뎃점(·)

- 열거할 어구들을 일정한 기준으로 묶어서 나타낼 때 씀
  [예] 재민·소희, 해미·준후가 한 팀이 되어 프로젝트를 준비했다.
- 짝을 이루는 어구들 사이에 씀
  [예] 하천 수질의 조사·분석 / 빨강·초록·파랑이 빛의 삼원색이다.
  - 다만, 이때는 가운뎃점을 쓰지 않거나 쉼표를 쓸 수도 있음
    [예] 하천 수질의 조사, 분석 / 빨강, 초록, 파랑이 빛의 삼원색이다.
- 공통 성분을 줄여서 하나의 어구로 묶을 때 씀 [예] 상·중·하위권 / 금·은·동메달
- 특정한 의미가 있는 날을 표시할 때 월과 일을 나타내는 아라비아 숫자 사이에 씀
  [예] 3·1 운동

20 한글 맞춤법: 문장 부호

쌍점(:)

- 표제 다음에 해당 항목을 들거나 설명을 붙일 때: 쌍점을 앞말에 붙여 쓰고, 뒷말과 띄어 씀
  - 예 • 문방사우: 종이, 붓, 먹, 벼루
    • 일시: 2014년 10월 9일 10시
- 시·분·초, 권·장·절, 조·항·호 등을 구별할 때: 쌍점의 앞뒤를 붙여 씀
  - 예 오전 10:20(오전 10시 20분)
- 의존 명사 '대'가 쓰일 자리에 쓸 때: 쌍점의 앞뒤를 붙여 씀
  - 예 65:60(65 대 60) / 청군:백군(청군 대 백군)

빗금(/)

- 대비되는 두 개 이상의 어구를 묶어 나타낼 때 그 사이에 씀   예 남반구/북반구
- 기준 단위당 수량을 표시할 때 해당 수량과 기준 단위 사이에 씀   예 100미터/초

큰따옴표(" ")

- 글 가운데에서 직접 대화를 표시할 때 씀
  - 예 "어머니, 제가 가겠어요." / "아니다. 내가 다녀오마."
- 말이나 글을 직접 인용할 때 씀   예 나는 "어, 광훈이 아니냐?"라고 말했다.

작은따옴표(' ')

- 인용한 말 안에 있는 인용한 말을 나타낼 때 씀
  - 예 그는 "여러분! '시작이 반이다.'라는 말 들어 보셨죠?"라고 말하며 강연을 시작했다.
- 마음속으로 한 말을 적을 때 씀   예 나는 '일이 다 틀렸나 보군.' 하고 생각하였다.
- 문장 내용 중에서 주의가 미쳐야 할 곳이나 중요한 부분을 특별히 드러내 보일 때 씀
  - 예 무엇보다 중요한 것은 '자신감'이다.   └ 작은따옴표, 드러냄표, 밑줄 모두 가능

소괄호(( ))

- 주석이나 보충적인 내용을 덧붙일 때 씀
  [예] 니체(독일의 철학자)의 말을 빌리면 다음과 같다. / 2014. 12. 19.(금)
- 우리말 표기와 원어 표기를 아울러 보일 때 씀   [예] 커피(coffee) / coffee(커피)
- 생략할 수 있는 요소임을 나타낼 때 씀
  [예] 광개토(대)왕은 고구려의 전성기를 이끌었던 임금이다.

중괄호({ })

- 같은 범주에 속하는 여러 요소를 세로로 묶어서 보일 때 씀
  [예] • 주격 조사 {이/가}
       • 국가의 성립 요소 {영토/국민/주권}
- 열거된 항목 중 어느 하나가 자유롭게 선택될 수 있음을 보일 때 씀
  [예] • 아이들이 모두 학교{에, 로, 까지} 갔어요.
       • 할머니가 해 주신 음식을 맛있게 먹{는/었/겠}다.

대괄호([ ])

- 괄호 안에 또 괄호를 쓸 필요가 있을 때 바깥쪽의 괄호로 씀
  [예] • 어린이날이 새로 제정되었을 당시에는 어린이들에게 경어를 쓰라고 하였다. [윤석중 전집(1988), 70쪽 참조]
       • 이번 회의에는 두 명[이혜정(실장), 박철용(과장)]만 빼고 모두 참석했습니다.
- 고유어에 대응하는 한자어를 함께 보일 때 씀
  - 대응하는 한자어를 한자로 쓸 때   [예] 나이[年歲], 낱말[單語]
  - 대응하는 한자어를 한글로 쓸 때   [예] 나이[연세], 낱말[단어]
- 고유어나 한자어에 대응하는 외래어나 외국어 표기를 보일 때 씀
  [예] 낱말[word], 문장[sentence], 국제 연합[유엔], 독일[도이칠란트]

겹낫표(『 』)와 겹화살괄호(≪ ≫)

- 책의 제목이나 신문 이름 등을 나타낼 때 씀
  [예] 우리나라 최초의 민간 신문은 1896년에 창간된 『독립신문』/≪독립신문≫이다.
  [붙임] 겹낫표나 겹화살괄호 대신 큰따옴표를 쓸 수 있음
    [예] 우리나라 최초의 민간 신문은 1896년에 창간된 "독립신문"이다.

군무원 기출 PLUS⁺

다음 빈칸에 들어갈 문장 부호를 쓰시오.

01 기준 단위당 수량을 적을 때 (   )을(를) 쓴다. 19년 9급 (6월)

02 고유어에 대응하는 한자어를 함께 보일 때 (   )을(를) 쓴다. 21년 7급

03 열거할 어구들을 생략할 때 사용하는 줄임표 앞에는 (   )을(를) 쓰지 않는다. 19년 9급 (6월)

04 표제 뒤에 간단한 설명이 붙을 때에 (   )을(를) 쓴다. 12년 9급

[정답]
01 빗금(/)   02 대괄호([ ])
03 쉼표(,)   04 쌍점(:)

20 한글 맞춤법: 문장 부호

홑낫표(「 」)와 홑화살괄호(< >)

- 소제목, 그림이나 노래와 같은 예술 작품의 제목, 상호, 법률, 규정 등을 나타낼 때 씀
  - 예 • 「국어 기본법 시행령」은 「국어 기본법」에서 위임된 사항과 그 시행에 필요한 사항을 규정함을 목적으로 한다.
    • 이 곡은 베르디가 작곡한 「축배의 노래」 / <축배의 노래>이다.
  - 붙임 홑낫표나 홑화살괄호 대신 작은따옴표를 쓸 수 있음
    - 예 사무실 밖에 '해와 달'이라고 쓴 간판을 달았다.

물결표(~)

- 기간이나 거리 또는 범위를 나타낼 때: 앞말과 뒷말에 붙여 씀   예 9월 15일~9월 25일
  - 붙임 물결표 대신 붙임표를 쓸 수 있음   예 9월 15일-9월 25일

드러냄표(˙)와 밑줄(__)

- 문장 내용 중에서 주의가 미쳐야 할 곳이나 중요한 부분을 특별히 드러내 보일 때 씀
  - 예 • 한글의 본디 이름은 훈민정음이다.
    • 지금 필요한 것은 지식이 아니라 실천입니다.
  - 붙임 드러냄표나 밑줄 대신 작은따옴표를 쓸 수 있음
    - 예 다음 보기에서 명사가 '아닌' 것은?

숨김표(○, ×)

- 금기어나 공공연히 쓰기 어려운 비속어임을 나타낼 때, 그 글자의 수효만큼 씀
  - 예 • 배운 사람 입에서 어찌 ○○○란 말이 나올 수 있느냐?
    • 그 말을 듣는 순간 ×××란 말이 목구멍까지 치밀었다.
- 비밀을 유지해야 하거나 밝힐 수 없는 사항임을 나타낼 때 씀
  - 예 1차 합격자는 김○영, 이○준, 박○순 등 모두 3명이다.

줄임표(……)

- 할 말을 줄였을 때 씀   예 "어디 나하고 한번……." 하고 민수가 나섰다.
  - 붙임 점은 여섯 점을 찍는 대신 세 점을 찍을 수도 있음
    - 예 "실은... 저 사람... 우리 아저씨일지 몰라."

군무원 기출 PLUS⁺

다음 빈칸에 들어갈 문장 부호를 쓰시오.   13년 9급

01 두 개 이상의 어구가 밀접한 관련이 있음을 나타내고자 할 때 (   )을(를) 쓴다.

02 옛 비문이나 문헌 등에서 글자가 분명하지 않을 때 그 글자의 수효만큼 (   )을(를) 쓴다.

[정답]
01 붙임표(-)   02 빠짐표(□)

21. 표준어 사정 원칙: 발음 변화에 따른 표준어 규정

1. 자음

제3항 거센소리를 가진 형태를 표준어로 삼는 것

표준어	비표준어	비고
끄나풀	끄나불	-
살-쾡이	삵-괭이	복수 표준어: 삵
털어-먹다	떨어-먹다	재물을 다 없애다.

제4항 거센소리로 나지 않는 형태를 표준어로 삼는 것

표준어	비표준어	표준어	비표준어
거시기	거시키	분침	푼침

제5항 어원에서 멀어진 형태로 굳어져서 널리 쓰이는 것을 표준어로 삼는 것

표준어	비표준어	비고
강낭-콩	강남-콩	-
고삿	고샅	• 고삿: 초가지붕을 일 때 쓰는 새끼 • 고샅: 시골 마을의 좁은 골목길. 또는 골목 사이
사글-세	삭월-세	'월세'는 표준어임
울력-성당	위력-성당	떼 지어 으르고 협박함

다만, 어원적으로 원형에 더 가까운 형태가 아직 쓰이고 있는 경우, 그것을 표준어로 삼음

표준어	비표준어	비고
말-곁	말-겻	남이 말하는 옆에서 덩달아 참견하는 말
적-이	저으기	꽤 어지간한 정도로

민숙쌤의 개념 PLUS⁺

표준어 사정 원칙 총칙
- 제1항: 표준어는 교양 있는 사람들이 두루 쓰는 현대 서울말로 정함을 원칙으로 한다.
- 제2항: 외래어는 따로 사정한다.

21 표준어 사정 원칙: 발음 변화에 따른 표준어 규정

제6항 의미를 구별함이 없이, 한 가지 형태만을 표준어로 삼는 것

표준어	비표준어	비고
돌	돐	생일, 주기
둘-째	두-째	'제2, 두 개째'의 뜻
셋-째	세-째	'제3, 세 개째'의 뜻
넷-째	네-째	'제4, 네 개째'의 뜻

심화 PLUS⁺

'둘째'와 '두째'의 차이

'둘째'는 십 단위 이상의 서수사에 쓰일 때에 '두째'로 한다.

수사	명사	의미

둘째	둘째	• 둘째(수사): 순서가 두 번째가 되는 차례
		  예 첫째, 부모와 형들의 말을 잘 들어라. 둘째, 공부를 열심히 해라.
		• 둘째(명사): 1. 맨 앞에서부터 세어 모두 두 개가 됨을 이르는 말
		  예 새치를 벌써 둘째 뽑는다. ─종합의 의미
		  2. 둘째 자식

열두째	열둘째	• 열두째: 순서가 열두 번째가 되는 차례
		  예 이 줄 열두째에 앉은 애가 내 친구 순이야.
		• 열둘째: 맨 앞에서부터 세어 모두 열두 개가 됨을 이르는 말
		  예 이 채점 답안지는 열둘째이다.

스물두째	스물둘째	• 스물두째: 순서가 스물두 번째가 되는 차례
		  예 이 줄 스물두째에 앉아 있는 사람이 내 친구야.
		• 스물둘째: 맨 앞에서부터 세어 모두 스물두 개가 됨을 이르는 말
		  예 곰팡이 핀 귤이 이 상자에서만 벌써 스물둘째이다.

제7항 수컷을 이르는 접두사는 '수-'로 통일함

표준어	비표준어	표준어	비표준어
수-꿩	수-퀑/숫-꿩	수-사돈	숫-사돈
수-나비	숫-나비	수-소	숫-소
수-놈	숫-놈	수-은행나무	숫-은행나무

암기 Tip!
수컷 중에서 닭 쫓던 개가 기와·돌쩌귀를 보니 지붕에 돼지·당나귀가 올라가 있었다.

[다만 1] 다음 단어에서는 접두사 다음에서 나는 거센소리를 인정함. 접두사 '암-'이 결합되는 경우에도 이에 준함

표준어	비표준어	표준어	비표준어
수-돌쩌귀	숫-돌쩌귀	수-키와	숫-기와
수-평아리	숫-병아리	수-탉	숫-닭
수-캉아지	숫-강아지	수-탕나귀	숫-당나귀
수-캐	숫-개	수-퇘지	숫-돼지
수-컷	숫-것	-	

군무원 기출 PLUS⁺

밑줄 친 접두사의 표기가 바르면 ○, 틀리면 ×표시하시오. 16년 9급
01 수놈 ( )
02 숫꿩 ( )
03 수소 ( )
04 숫염소 ( )

[정답]
01 ○   02 × (숫꿩→수꿩)
03 ○   04 ○

[다만 2] 다음 단어의 접두사는 '숫-'으로 함

표준어	비표준어	표준어	비표준어	표준어	비표준어
숫-양	수-양	숫-염소	수-염소	숫-쥐	수-쥐

2. 모음

제8항 양성 모음이 음성 모음으로 바뀌어 굳어진 다음 단어는 음성 모음 형태를 표준어로 삼음

표준어	비표준어	비고
깡충-깡충	깡총-깡총	큰말은 '껑충껑충'임
-둥이	-동이	쌍둥이, 검둥이, 막둥이
보퉁이	보통이	물건을 보에 싸서 꾸려 놓은 것
아서, 아서라	앗아, 앗아라	하지 말라고 금지하는 말
오뚝-이	오똑-이	부사도 '오뚝-이'임
주추	주초	주춧-돌(기둥 밑에 기초로 받쳐 놓은 돌)

21 표준어 사정 원칙: 발음 변화에 따른 표준어 규정

다만, 어원 의식이 강하게 작용하는 다음 단어에서는 **양성 모음 형태**를 그대로 표준어로 삼음

표준어	비표준어	표준어	비표준어	표준어	비표준어
부조(扶助)	부주	사돈(査頓)	사둔	삼촌(三寸)	삼춘

제9항 'ㅣ' 역행 동화 현상에 의한 발음은 원칙적으로 **표준 발음으로 인정하지 않음**.
다만, 다음 단어들은 그러한 **동화가 적용된** 형태를 표준어로 삼음

표준어	비표준어	비고
-내기	-나기	서울-, 시골-, 신출-, 풋-
동댕이-치다	동당이-치다	-
냄비	남비	-

붙임 1 다음 단어는 'ㅣ' 역행 동화가 일어나지 않은 형태를 표준어로 삼음

표준어	비표준어	비고
아지랑이	아지랭이	-

붙임 2 기술자에게는 '-장이', 그 외에는 '-쟁이'가 붙는 형태를 표준어로 삼음

표준어	비표준어	표준어	비표준어
미장이	미쟁이	유기장이	유기쟁이
멋쟁이	멋장이	소금쟁이	소금장이
담쟁이-덩굴	담장이-덩굴	골목쟁이	골목장이
발목쟁이	발목장이		-

군무원 기출 PLUS⁺

다음 단어 중 표준어를 골라 ○표시 하시오. 22년 9급

01 오뚜이 / 오뚝이
02 깡총깡총 / 깡충깡충

[정답]
01 오뚝이   02 깡충깡충

제10항 모음이 단순화된 단어는 단순화한 형태를 표준어로 삼음

표준어	비표준어	비고
여느	여늬	-
으레	으례	-
케케-묵다	켸케-묵다	-
허우대	허위대	-

제11항 모음의 발음 변화를 인정하여, 발음이 바뀌어 굳어진 형태를 표준어로 삼는 것

표준어	비표준어	비고
깍쟁이	깍정이	1. 서울 ~, 알 ~, 찰 ~ 2. 도토리, 상수리 등의 받침은 '깍정이'임
나무라다	나무래다	-
바라다	바래다	'바램[所望]'은 비표준어임
상추	상치	~쌈
시러베-아들	실업의-아들	시러베-자식: 실없는 사람을 얕잡아 이르는 말
주책	주착	주책없다, 주책이다
허드레	허드래	허드렛-물, 허드렛-일
호루라기	호루루기	-

21 표준어 사정 원칙: 발음 변화에 따른 표준어 규정

제12항 '웃-' 및 '윗-'은 명사 '위'에 맞추어 '**윗-**'으로 통일함

표준어	비표준어	표준어	비표준어
윗-넓이	웃-넓이	윗-눈썹	웃-눈썹
윗-니	웃-니	윗-당줄	웃-당줄
윗-변	웃-변	윗-자리	웃-자리

[다만 1] 된소리나 거센소리 앞에서는 '위-'로 함

표준어	비표준어	표준어	비표준어
위-짝	웃-짝	위-층	웃-층
위-쪽	웃-쪽	위-치마	웃-치마
위-채	웃-채	위-턱	웃-턱

[다만 2] '아래, 위'의 대립이 없는 단어는 '웃-'으로 발음되는 형태를 표준어로 삼음

표준어	비표준어	비고
웃-국	윗-국	간장이나 술 따위를 담가서 익힌 뒤에 맨 처음에 떠낸 진한 국
웃-기	윗-기	떡, 포, 과일 따위를 괸 위에 모양을 내기 위하여 얹는 재료
웃-돈	윗-돈	본래의 값에 덧붙이는 돈
웃-비	윗-비	아직 우기(雨氣)는 있으나 좍좍 내리다가 그친 비
웃-어른	윗-어른	-
웃-옷	윗-옷	-

제13항 한자 '구(句)'가 붙어서 이루어진 단어는 '귀'로 읽는 것을 인정하지 않고, '**구**'로 통일함

표준어	비표준어	표준어	비표준어
구절(句節)	귀절	결구(結句)	결귀

다만, 다음 단어는 '귀'로 발음되는 형태를 표준어로 삼음

표준어	비표준어	표준어	비표준어
귀-글	구-글	글-귀	글-구

암기 Tip!

웃비가 내리는 날 **웃어른**에게 **웃국·웃기**를 드렸더니 **웃돈**을 주셔서 **웃옷**을 사 입었다.

군무원 기출 PLUS⁺

다음 중 밑줄 친 단어의 표기가 옳은 것을 모두 고르시오. 19년 9급 (12월)

㉠ 날씨가 추워서 웃옷을 입었다.
㉡ 책상에 오래 앉아 있으면 윗몸을 뒤로 젖히는 운동을 해라.
㉢ 산의 오른쪽으로 향하지 말고 윗쪽으로 가라.
㉣ 그녀의 버릇은 윗입술을 깨무는 것이다.
㉤ 부모님은 그에게 명절 차비로 윗돈을 얹어 주셨다.
㉥ 그는 메모한 종이를 웃도리에 넣었다.

( )

[정답] ㉠, ㉡, ㉣

3. 준말

제14항 준말이 널리 쓰이고 본말이 잘 쓰이지 않는 경우에는, **준말만을 표준어**로 삼음

표준어	비표준어	비고
똬리	또아리	-
무	무우	~강즙, ~말랭이, ~생채, 총각~
뱀	배암	-
빔	비음	설~, 생일~
생-쥐	새앙-쥐	-
솔개	소리개	-

제15항 준말이 쓰이고 있더라도, 본말이 널리 쓰이고 있으면 **본말을 표준어**로 삼음

표준어	비표준어	비고
귀이-개	귀-개	-
돗-자리	돗	-
맵자-하다	맵자다	모양이 제격에 어울리다.
부스럼	부럼	• 부스럼: 피부에 나는 종기를 통틀어 이르는 말 • 부럼: 음력 정월 대보름날 새벽에 깨물어 먹는 딱딱한 열매류인 땅콩, 호두, 잣, 밤, 은행 따위를 통틀어 이르는 말
퇴박-맞다	퇴-맞다	마음에 들지 아니하여 거절당하거나 물리침을 받다.
한통-치다	통-치다	나누지 아니하고 한곳에 합치다.

군무원 기출 PLUS⁺

다음 단어 중 표준어를 골라 ○표시 하시오.

01 무 / 무우   16년 9급
02 구절 / 귀절   13년 9급

[정답]
01 무   02 구절

21 표준어 사정 원칙: 발음 변화에 따른 표준어 규정

제16항 **준말과 본말**이 다 같이 널리 쓰이면서 준말의 효용이 뚜렷이 인정되는 것은, **두 가지를 다** 표준어로 삼음

본말	준말	비고
거짓-부리	거짓-불	작은 말은 '가짓부리, 가짓불'임
노을	놀	저녁~
머무르다	머물다	모음 어미가 연결될 때에는 준말의 활용형을 인정하지 않음
서두르다	서둘다	
서투르다	서툴다	
석새-삼베	석새-베	성글고 굵은 베
시-누이	시-뉘/시-누	-
오-누이	오-뉘/오-누	-
외우다	외다	외우며, 외워:외며, 외어
이기죽-거리다	이죽-거리다	자꾸 밉살스럽게 지껄이며 짓궂게 빈정거리다.
찌꺼기	찌끼	'찌꺽지'는 비표준어임
도리어	되레	'되려'는 비표준어임

22 표준어 사정 원칙: 단수·복수·별도 표준어

1. 단수 표준어와 복수 표준어

단수 표준어

구분	표준어	비표준어	구분	표준어	비표준어
1	까다롭다/까탈-스럽다	까닭-스럽다	22	귀-띔	귀-팀
2	귀-고리	귀엣-고리	23	귀-지	귀에-지
3	냠냠-거리다	얌냠-거리다	24	뒤통수-치다	뒤꼭지-치다
4	너[四]	네	25	부각	다시마-자반
5	넉[四]	너/네	26	뺨-따귀	뺌-따귀/뺌-따구니
6	먼-발치	먼-발치기	27	담배-꽁초	담배-꼬투리/담배-꽁치/담배-꽁추
7	빠-뜨리다/빠-트리다	빠-치다	28	상-판대기	쌍-판대기
8	붉으락-푸르락	푸르락-붉으락	29	샛-별	새벽-별
9	댑-싸리	대-싸리	30	-습니다	-읍니다
10	며느리-발톱	뒷-발톱	31	신기-롭다/신기-하다	신기-스럽다
11	멸치	며루치/메리치	32	서[三]	세/석
12	본새	뽄새	33	석[三]	세
13	봉숭아/봉선화	봉숭화	34	쌍동-밤	쪽-밤
14	언뜻	펀뜻	35	아주	영판
15	언제나	노다지	36	안절부절-못하다	안절부절-하다
16	짓-무르다	짓-물다	37	암-내	곁땀-내
17	천장(天障)	천정	38	닦달-하다	닥달-하다
18	허구하다	허구허다	39	애달프다	애닳다
19	광주리	광우리	40	총각-무	알-무/알타리-무
20	꼭두-각시	꼭둑-각시	41	자두	오얏
21	나룻-배	나루	-	-	-

민숙쌤의 개념 PLUS+

관형사 '서/석', '너/넉'의 쓰임
- 서/너 + '돈', '말', '발', '푼' 등
- 석/넉 + '냥', '되', '섬', '자' 등

22 표준어 사정 원칙: 단수·복수·별도 표준어

복수 표준어

구분	어휘	구분	어휘
1	가뭄/가물	27	고깃-간/푸줏-간
2	가없다/가엽다	28	말-동무/말-벗
3	개수-통/설거지-통	29	고린-내/코린-내
4	기세-부리다/기세-피우다	30	넝쿨/덩굴
5	기승-떨다/기승-부리다	31	녘/쪽
6	꼬까/때때/고까	32	돼지-감자/뚱딴지
7	꾀다/꼬이다	33	되우/된통/되게
8	나부랭이/너부렁이	34	딴-전/딴-청
9	다달-이/매-달	35	-뜨리다/-트리다
10	마-파람/앞-바람	36	볼-따구니/볼-퉁이/볼-때기
11	모-내다/모-심다	37	쇠-고기/소-고기
12	벌레/버러지	38	여쭈다/여쭙다
13	네/예	39	여태/입때
14	멀찌감치/멀찌가니/멀찍-이	40	여태-껏/이제-껏/입때-껏
15	모쪼록/아무쪼록	41	옥수수/강냉이
16	보-조개/볼-우물	42	우레/천둥 (우뢰×)
17	보통-내기/여간-내기/예사-내기	43	을러-대다/을러-메다
18	부침개-질/부침-질/지짐-질	44	의심-스럽다/의심-쩍다
19	뾰두라지/뾰루지	45	씁쓰레-하다/씁쓰름-하다
20	살-쾡이/삵	46	아무튼/어떻든/어쨌든/하여튼/여하튼
21	서럽다/섧다	47	어이-없다/어처구니-없다
22	-(으)세요/-(으)셔요	48	언덕-바지/언덕-배기
23	괴다/고이다	49	여왕-벌/장수-벌
24	구린-내/쿠린-내	50	-이에요/-이어요
25	꺼림-하다/께름-하다	51	일찌감치/일찌거니
26	개숫-물/설거지-물	52	죄다/조이다

군무원 기출 PLUS⁺

다음 단어의 관계가 복수 표준어이면 ○, 아니면 × 표시하시오.

01 네 - 예   13년 9급
( )

02 고린내 - 코린내   13년 9급
( )

03 샛별 - 새벽별   19년 9급 (12월)
( )

04 제가끔 - 제각기   19년 9급 (12월)
( )

05 짓물다 - 짓무르다   13년 9급
( )

06 멀찌감치 - 멀찌가니
23년 7급, 19년 9급 (12월)
( )

07 욕심꾸러기 - 욕심쟁이
19년 9급 (12월)
( )

08 (볕을) 쬐다 - 쪼이다   11년 9급
( )

09 (벌레가) 꾀다 - 꼬이다   11년 9급
( )

10 (나사를) 죄다 - 조이다   11년 9급
( )

11 (물이) 괴다 - 고이다   11년 9급
( )

12 만날 - 맨날   23년 7급
( )

13 가엾다 - 가엽다   23년 7급
( )

[정답]
01 ○ 02 ○ 03 × ('샛별'만 표준어)
04 ○ 05 × ('짓무르다'만 표준어)
06 ○ 07 ○ 08 ○ 09 ○
10 ○ 11 ○ 12 ○ 13 ○

53	철-따구니/철-딱서니/철-딱지	71	우렁쉥이/멍게
54	한턱-내다/한턱-하다	72	남우세스럽다/남사스럽다
55	변덕-스럽다/변덕-맞다	73	세간/세간살이
56	-스레하다/-스름하다	74	품세/품새
57	어림-잡다/어림-치다	75	삐치다/삐지다
58	욕심-꾸러기/욕심-쟁이	76	차지다/찰지다
59	장가-가다/장가-들다	77	선두리/물-방개
60	제-가끔/제-각기	78	만날/맨날
61	재롱-떨다/재롱-부리다	79	쌉싸래하다/쌉싸름하다
62	천연덕-스럽다/천연-스럽다	80	구안괘사/구안와사
63	해웃-값/해웃-돈	81	초장초/작장초 (괭이밥과의 여러해살이풀)
64	삽살-개/삽사리	82	-고 싶다/-고프다
65	심술-꾸러기/심술-쟁이	83	어린-순/애-순
66	간질이다/간지럽히다	84	허섭스레기/허접쓰레기
67	고운대/토란대	85	태껸/택견
68	자장면/짜장면	86	굽실/굽신
69	눈두덩/눈두덩이	87	마을/마실
70	예쁘다/이쁘다	88	주책없다/주책이다 (단순한 명사 + 조사 결합형 → 표제어로 다루지 않음)

22 표준어 사정 원칙: 단수·복수·별도 표준어

2. 별도 표준어

구분	기존	추가	비고
1	~기에	~길래	• ~기에: 원인이나 근거를 나타내는 연결 어미 • ~길래: '-기에'를 구어적으로 이르는 말
2	개개다	개기다	• 개개다: 성가시게 달라붙어 손해를 끼치다. • 개기다: 명령이나 지시를 따르지 않고 버티거나 반항하다.
3	거방지다	걸판지다	• 거방지다: 1. 몸집이 크다. 2. 하는 짓이 점잖고 무게가 있다. 3. 매우 푸지다. • 걸판지다: 1. 매우 푸지다. 2. 동작이나 모양이 크고 어수선하다.
4	거치적거리다	걸리적거리다	-
5	건울음	겉울음	• 건울음: 눈물 없이 우는 울음, 또는 억지로 우는 울음 • 겉울음: 1. 드러내 놓고 우는 울음 2. 마음에도 없이 겉으로만 우는 울음
6	괴발개발	개발새발	• 괴발개발: 고양이의 발과 개의 발이라는 뜻으로, 글씨를 되는대로 아무렇게나 써 놓은 모양을 이르는 말 • 개발새발: 개의 발과 새의 발이라는 뜻으로, 글씨를 되는대로 아무렇게나 써 놓은 모양을 이르는 말
7	까다롭다	까탈스럽다	• 까다롭다: 1. 조건 따위가 복잡하거나 엄격하여 다루기에 순탄하지 않다. 2. 성미나 취향 따위가 원만하지 않고 별스럽게 까탈이 많다. • 까탈스럽다: 1. 조건, 규정 따위가 복잡하고 엄격하여 적응하거나 적용하기에 어려운 데가 있다. 2. 성미나 취향 따위가 원만하지 않고 별스러워 맞춰 주기에 어려운 데가 있다. [참고] 같은 계열의 '가탈스럽다'도 표준어로 인정함
8	꾀다	꼬시다	• 꾀다: 그럴듯한 말이나 행동으로 남을 속이거나 부추겨서 자기 생각대로 끌다. • 꼬시다: '꾀다'를 속되게 이르는 말
9	끼적거리다	끄적거리다	-
10	눈초리	눈꼬리	-
11	두루뭉술하다	두리뭉실하다	-

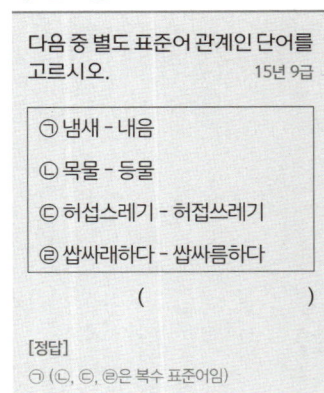

군무원 기출 PLUS⁺

다음 중 별도 표준어 관계인 단어를 고르시오.   15년 9급

㉠ 냄새 - 내음
㉡ 목물 - 등물
㉢ 허섭스레기 - 허접쓰레기
㉣ 쌉싸래하다 - 쌉싸름하다

( )

[정답]
㉠ (㉡, ㉢, ㉣은 복수 표준어임)

12	딴죽	딴지	• 딴죽: 1. 씨름이나 택견에서, 발로 상대편의 다리를 옆으로 치거나 끌어당겨 넘어뜨리는 기술 2. 이미 동의하거나 약속한 일에 대하여 딴전을 부림을 비유적으로 이르는 말 • 딴지: 일이 순순히 진행되지 못하도록 훼방을 놓거나 어기대는 것
13	떨어뜨리다	떨구다	-
14	맨송맨송	맨숭맨숭/맹숭맹숭	-
15	바동바동	바둥바둥	-
16	새치름하다	새초롬하다	-
17	손자(孫子)	손주	• 손자(孫子): 아들의 아들. 또는 딸의 아들 • 손주: 손자와 손녀를 아울러 이르는 말
18	실몽당이	실뭉치	• 실몽당이: 실을 풀기 좋게 공 모양으로 감은 뭉치 • 실뭉치: 실을 한데 뭉치거나 감은 덩이
19	아옹다옹	아웅다웅	-
20	야멸치다	야멸차다	-
21	어수룩하다	어리숙하다	-
22	연방	연신	• 연방: 연속해서 자꾸 • 연신: 잇따라 자꾸
23	오손도손	오순도순	-
24	의논	의론	• 의논: 어떤 일에 대하여 서로 의견을 주고받음 • 의론: 어떤 사안에 대하여 각자의 의견을 제기함. 또는 그런 의견
25	장난감	놀잇감	• 장난감: 아이들이 가지고 노는 여러 가지 물건 • 놀잇감: 놀이 또는 아동 교육 현장 따위에서 활용되는 물건이나 재료
26	찌뿌듯하다	찌뿌둥하다	-
27	치근거리다	추근거리다	-
28	푸르다	푸르르다	• 푸르다: 맑은 가을 하늘이나 깊은 바다, 풀의 빛깔과 같이 밝고 선명하다. • 푸르르다: '푸르다'를 강조하여 이르는 말
29	휭허케	휭하니	• 휭허케: '휭하니'를 예스럽게 이르는 말 • 휭하니: 중도에서 지체하지 아니하고 곧장 빠르게 가는 모양

23 <표준국어대사전> 개정 사항

1. 2017년 추가 사항

품사 수정

표제항	수정 전	수정 후
잘생기다	「형용사」	「동사」
잘나다	「형용사」	「동사」
못나다	「형용사」	「동사」
낡다[1]	「형용사」	「동사」
못생기다	「형용사」	「동사」

표제어 추가

표제항	수정 전	수정 후
기다래지다	%	「동사」 기다랗게 되다. 예 머리가 기다래지다. / 거짓말을 한 피노키오의 코가 기다래졌다.
분리-배출	%	「명사」 쓰레기 따위를 종류별로 나누어서 버림 예 건설 폐기물 분리배출 / 음식물 쓰레기 분리배출
여쭈어-보다	%	「동사」 여쭈어-보다 [-보아(-봐), -보니] '물어보다'의 높임말 예 아이가 할아버지께 연을 만드는 방법을 여쭈어본다. [준말] 여쭤보다

발음 수정 사항

표제항	수정 전	수정 후
관건[2]	%	[-건/-껀]
불법[1]	%	[-법/-뻡]
효과[1]	[효:-]	[효:과/효:꽈]
교과[1]	[교:-]	[교:과/교:꽈]
반값	[반:갑]	[반:갑/반:깝]

군무원 기출 PLUS⁺

밑줄 친 단어의 표준 발음이 옳으면 ○, 틀리면 X 표시하시오. 21년 7급

01 같은 약이라도 환자의 상태에 따라 치료 효과[효:꽈]가 다를 수 있다. ( )

02 책꽂이에는 교과서[교:꽈서] 외에도 소설책과 시집이 빽빽이 꽂혀 있었다. ( )

[정답]
01 ○   02 ○

분수6	[-쑤]	[-쑤/-수]
함수4	[함ː쑤]	[함ː쑤/함ː수]
괴담이설	[괴ː-니-/궤ː-니-]	[괴ː담니-/궤ː-다미-]
밤이슬	[-니-]	[밤니-/바미-]
감언이설	[--니-]	[-먼니-/-머니-]
영영1	[영ː-]	[영ː영/영ː녕]
연이율	[-니-]	[연니-/여니-]
안간힘	[-깐-]	[-깐-/-간-]
인기척	[-끼-]	[-끼-/-기-]
점수6	[-쑤]	[-쑤/-수]
순이익	[-니-]	[순니-/수니-]
강약	%	[-약/-냑]
의기양양	[의ː---]	[의ː--양/의ː--냥]

2. 2018년 표준어 추가

기존	추가	비고
꺼림칙하다 께름칙하다 꺼림하다 께름하다	꺼림직이 꺼림직하다 께름직하다	마음에 걸려서 언짢은 상황을 표현할 때 사용함
추어올리다 치켜세우다	치켜올리다 추켜세우다 추켜올리다	누군가를 높게 칭찬함

23 <표준국어대사전> 개정 사항

3. 2020년 표제어 추가

표제항	뜻풀이
이요[3]	((받침 있는 체언이나 부사어 따위의 뒤에 붙어)) 주로 발화 끝에 쓰여 청자에게 존대의 뜻을 나타내는 보조사 예 여기 냉면이요.

4. 2021년 용례 추가

표제항	추가 용례
요[14]	((체언이나 부사어, 연결 어미 따위의 뒤에 붙어)) 청자에게 존대의 뜻을 나타내는 보조사 예 "주문하실래요?" "여기 볶음밥요."

5. 2022년 뜻풀이 추가

표제항	추가된 뜻풀이
보다[1]	[Ⅲ]「보조 형용사」 「4」((형용사나 '이다' 뒤에서 '-고 보다' 구성으로 쓰여)) 앞말이 뜻하는 상황이나 상태가 다른 것보다 우선임을 나타내는 말 예 • 무엇보다 건강하고 볼 일이다. • 무조건 부자이고 봐야 한다는 생각은 잘못이다.

24 외래어 표기법: 표기의 기본 원칙

1. 표기의 기본 원칙

제1항 외래어는 국어의 현용 24 자모만으로 적음
- 자음: ㄱ, ㄴ, ㄷ, ㄹ, ㅁ, ㅂ, ㅅ, ㅇ, ㅈ, ㅊ, ㅋ, ㅌ, ㅍ, ㅎ
- 모음: ㅏ, ㅑ, ㅓ, ㅕ, ㅗ, ㅛ, ㅜ, ㅠ, ㅡ, ㅣ

제2항 외래어의 1 음운은 원칙적으로 1 기호로 적음
[예] family 패밀리(훼밀리 ×), file 파일(화일 ×)

제3항 받침에는 'ㄱ, ㄴ, ㄹ, ㅁ, ㅂ, ㅅ, ㅇ'만을 씀
[예] robot 로봇(로볻 ×, 로봍 ×), diskette 디스켓(디스켇 ×, 디스켙 ×), supermarket 슈퍼마켓(수퍼마켙 ×, 수퍼마켇 ×), chocolate 초콜릿(초코렏 ×, 초코렡 ×)

제4항 파열음 표기에는 된소리를 쓰지 않는 것을 원칙으로 함
[예] gas 가스(까스 ×), cafe 카페(까페 ×), cognac 코냑(꼬냑 ×), Paris 파리(빠리 ×)

제5항 이미 굳어진 외래어는 관용을 존중하되, 그 범위와 용례는 따로 정함
[예] bat 배트(뱃 ×), radio 라디오(래디오 ×), camera 카메라(캐머러 ×)

심화 PLUS⁺
'파찰음 + 이중 모음'의 표기
'ㅈ, ㅊ' 다음에는 이중 모음 'ㅑ, ㅕ, ㅛ, ㅠ'를 쓰지 않는다.
[예] • 주스(쥬스 ×) • 텔레비전(텔레비젼 ×) • 비전(비젼 ×) • 차트(챠트 ×)

심화 PLUS⁺
우리말과 외래어에 '해', '섬', '강', '산'이 붙을 때는 붙여 씀

바다, 섬, 강, 산 등의 표기 세칙
- 제1항: 바다는 '해(海)'로 통일한다.   [예] 홍해, 발트해, 아라비아해
- 제2항: 우리나라를 제외하고 섬은 모두 '섬'으로 통일한다.
  [예] 타이완섬, 코르시카섬 (우리나라: 제주도, 울릉도)
- 제3항: 한자 사용 지역(일본, 중국)의 지명이 하나의 한자로 되어 있을 경우, '강', '산', '호', '섬' 등은 겹쳐 적는다.   [예] 온타케산(御岳), 주장강(珠江), 도시마섬(利島)
- 제4항: 지명이 산맥, 산, 강 등의 뜻이 들어 있는 것은 '산맥', '산', '강' 등을 겹쳐 적는다.
  [예] Rio Grande 리오그란데강, Monte Rosa 몬테로사산, Mont Blanc 몽블랑산

심화 PLUS⁺
인명, 지명 표기의 원칙
- 외래어 표기법 제3장에 포함되어 있지 않은 언어권의 인명, 지명은 원지음을 따름
  [예] 앙카라, 간디
- 원지음이 아닌 제3국의 발음으로 통용되고 있는 것은 관용을 따름
  [예] 헤이그, 시저
- 고유 명사의 번역명이 통용되는 경우 관용을 따름
  [예] 태평양, 흑해

동양의 인명, 지명 표기
- 중국의 인명은 과거인은 한자음대로 표기하고 현대인은 중국어 표기법에 따라 표기함
  [예] 공자, 덩샤오핑
- 일본의 인명과 지명은 과거와 현대의 구분 없이 일본어 표기법에 따라 표기함
  [예] 이토 히로부미

군무원 기출 PLUS⁺
다음 빈칸에 들어갈 알맞은 말을 쓰시오. 19년 9급 (6월)

01 외래어는 국어의 현용 (　　　) 만으로 적는다.
02 받침에는 '(　　　　　)' 만을 쓴다.
03 파열음 표기에는 (　　　)을(를) 쓰지 않는 것을 원칙으로 한다.

[정답]
01 24자모   02 ㄱ, ㄴ, ㄹ, ㅁ, ㅂ, ㅅ, ㅇ
03 된소리

Ⅱ. 국어 규범

25 외래어 표기법: 유의해야 할 외래어 표기

1. 외래어의 바른 표기

구분	바른 표기	잘못된 표기	구분	바른 표기	잘못된 표기
1	가스	까스	27	리얼리즘	리얼리슴
2	가오슝	까오슝/카오슝	28	링거	링겔
3	고흐	고호	29	마니아	매니아
4	그랜드캐니언	그랜드캐년	30	마사지	맛사지
5	나르시시즘	나르시즘	31	매머드	맘모스
6	난센스	넌센스	32	메시지	메세지
7	내비게이션	네비게이션	33	멜론	메론
8	네덜란드	네델란드	34	모차르트	모짜르트
9	논픽션	넌픽션	35	몽마르트르	몽마르뜨/몽마르트
10	다이내믹하다	다이나믹하다	36	미스터리	미스테리
11	데뷔	데뷰	37	바리케이드	바리케이트
12	데이터	데이타	38	바흐	바하
13	도넛	도우넛	39	배터리	밧데리/바테리
14	딜레마	딜레머	40	보디로션	바디로션
15	라이선스	라이센스	41	뷔페	부페
16	러닝셔츠/러닝샤쓰	런닝셔츠	42	블라인드	브라인드
17	렌터카	렌트카	43	비즈니스	비지니스
18	리모컨	리모콘	44	삿포로	삿뽀로
19	리포트	레포트	45	색소폰	색스폰
20	마네킹	마네킨	46	선글라스	썬그라스
21	마멀레이드	마말레이드	47	센터	쎈터
22	말레이시아	말레이지아	48	셔터	샷다/샷따/샷타
23	맨해튼	맨하탄	49	소시지	소세지
24	메이크업	메이컵	50	수프	스프/숲
25	멜버른	멜번/맬번	51	슈퍼맨	수퍼맨
26	모터	모타	52	스태프	스탭/스탶

구분	바른 표기	잘못된 표기	구분	바른 표기	잘못된 표기
53	미네랄	미네럴	80	스티로폼	스치로폴/스치로폼
54	밀크셰이크	밀크쉐이크	81	슬래브	슬라브/슬랩
55	바비큐	바베큐	82	심벌	심볼
56	배지	뱃지/뺏지	83	싱가포르	싱가폴
57	밸런타인데이	발렌타인데이	84	브러시	브러쉬
58	부르주아	부르조아	85	아마추어	아마투어
59	블라디보스토크	블라디보스톡	86	악센트	액센트
60	비스킷	비스켓	87	알코올	알콜
61	산타클로스	산타크로스	88	앙코르	앙콜
62	섀시	섀시	89	애드리브	애드립
63	샤머니즘	샤마니즘	90	앰뷸런스	앰블런스
64	세트	셋/셋트/셑	91	에티오피아	이디오피아
65	센티미터	센치미터	92	옥스퍼드	옥스포드
66	소렌토	쏘렌토	93	워크숍	워크샵
67	소파	쇼파	94	장르	쟝르
68	슈트	수트	95	점퍼/잠바	점버
69	스케치북	스켓치북	96	주스	쥬스
70	스테인리스	스텐레스	97	차트	챠트
71	스펀지	스폰지	98	초콜릿	초코렛
72	시너	신나	99	취리히	쮜리히
73	심포지엄	심포지움	100	칭기즈 칸	징기스 칸
74	로브스터/랍스터	랍스타	101	카이사르/시저	케사르
75	가스레인지	가스렌지	102	칼럼	컬럼
76	가톨릭	카톨릭/캐톨릭	103	캐비닛	캐비넷
77	큐슈	큐슈	104	커닝	컨닝
78	깁스	기부스/집스	105	커튼	커텐
79	나일론	나이론	106	컨테이너	콘테이너

군무원 기출 PLUS⁺

다음 외래어 표기 중 틀린 부분을 찾아 바르게 고치시오.

01 신나   21년 9급
(　　　　)

02 알콜   21년 9급
(　　　　)

03 리모콘   21년 9급
(　　　　)

04 스폰지   21년 9급
(　　　　)

05 커ten   23년 7급
(　　　　)

06 수퍼마켓   24년 9급
(　　　　)

07 메세지   24년 9급
(　　　　)

08 초코렛   24년 9급
(　　　　)

09 디지탈   24년 9급
(　　　　)

[정답]
01 시너   02 알코올
03 리모컨   04 스펀지
05 커튼   06 슈퍼마켓
07 메시지   08 초콜릿
09 디지털

25 외래어 표기법: 유의해야 할 외래어 표기

구분	바른 표기	잘못된 표기	구분	바른 표기	잘못된 표기
107	내레이션	나레이션	133	컬러	칼라
108	냐짱	나트랑	134	케이크	케익/케잌
109	네트워크	네트웍/네트웤	135	코르도바	꼬르도바
110	뉴턴	뉴우튼	136	콘서트	컨서트
111	다이아몬드	다이어몬드	137	콘테스트	컨테스트
112	데생	뎃생	138	콜럼버스	콜롬부스
113	덴마크	덴마아크	139	콤플렉스	컴플렉스
114	디지털	디지탈	140	콩트	꽁뜨
115	라스베이거스	라스베가스	141	쿠알라룸푸르	쿠알라룸프/콸라룸푸르
116	랑데부	랑데뷰	142	크레디트 카드	크레딧 카드
117	레크리에이션	레크레이션	143	클라이맥스	클라이막스
118	리더십	리더쉽	144	타월	타올
119	터미널	터미날	145	플루트	플룻/플륫
120	테이프	테프/테입/테잎	146	호르몬	홀몬
121	토마토	도마도	147	셰퍼드	쉐퍼드
122	티베트	티벳	148	콘셉트	컨셉
123	파이팅	화이팅	149	아이섀도	아이섀도우
124	판다	팬더/팬다	150	알칼리	알카리
125	팡파르	팡파레	151	앙케트	앙케이트
126	팸플릿	팜플렛	152	앙코르와트	앙코르왓
127	프라이팬	후라이팬	153	액세서리	악세사리
128	플래시	플래쉬/프래시/프래쉬	154	어댑터	아답타/아답터
129	오프사이드	옵사이드	155	챔피언	참피온
130	요구르트	요쿠르트	156	추리닝	츄리닝
131	윈도	윈도우	157	침팬지	침팬치
132	재킷	자켓	158	카디건	가디건

구분	바른 표기	잘못된 표기	구분	바른 표기	잘못된 표기
159	제스처	제스츄어	178	카탈로그	카다로그/카다록
160	쥐라기	쥬라기	179	캐럴	캐롤
161	캥거루	캉가루	180	터부	타부
162	커버	카바	181	텔레비전	텔레비젼
163	컨디션	콘디션	182	트리	츄리
164	컨트롤	콘트롤	183	파마	퍼머
165	컬렉션	콜렉션	184	파일	화일
166	케첩	케찹	185	판타지	환타지
167	코미디	코메디	186	패널	판넬/패날
168	콘센트	컨센트	187	포클레인	포크레인
169	콘텐츠	컨텐츠	188	프레젠테이션	프리젠테이션
170	콤비네이션	컴비네이션	189	플래카드	플랑카드/플랜카드
171	콩쿠르	콩쿨	190	할리우드	할리웃/헐리우드/헐리웃
172	쿠데타	쿠테타	191	서비스	써비스
173	쿵후	쿵푸	192	카펫	카페트
174	크리스털	크리스탈	193	크로켓	고로케
175	타깃	타겟	194	프러포즈	프로포즈
176	탤런트	탈렌트	195	커피숍	코피숍/코피샵/커피숖
177	바통/배턴	바톤	196	디렉터리	디렉토리

군무원 기출 PLUS⁺

다음 외래어 표기 중 틀린 부분을 찾아 바르게 고치시오.

01 컨셉   20년 7급
(　　　　)

02 타겟   17년 9급
(　　　　)

03 컨텐츠   14년 9급
(　　　　)

04 랑데뷰   14년 9급
(　　　　)

05 앙케이트   17년 9급
(　　　　)

06 프로포즈   14년 9급
(　　　　)

07 프리젠테이션   20년 7급
(　　　　)

08 윈도우   23년 7급
(　　　　)

[정답]
01 콘셉트　02 타깃　03 콘텐츠
04 랑데부　05 앙케트　06 프러포즈
07 프레젠테이션　08 윈도

25 외래어 표기법: 유의해야 할 외래어 표기

 심화 PLUS⁺

외래어의 바른 표기

구분	바른 표기	잘못된 표기	구분	바른 표기	잘못된 표기
1	달마티안	달마티언/댈마티안	27	사인	싸인
2	더블	다블/따블	28	섀도복싱	섀도우복싱
3	드라이클리닝	드라이크리닝	29	서클	써클
4	디스켓	디스케트/디스켇	30	셔벗	샤베트
5	라디에이터	래디에이터	31	소나타	쏘나타
6	라이터	라이타	32	쇼트커트	숏컷/숏커트
7	러시아워	러쉬아워	33	숍	샵
8	레미콘	래미콘	34	슈림프	쉬림프
9	로봇	로봇트	35	슈퍼마켓	수퍼마킷
10	로즈메리	로즈마리	36	스낵 코너	스넥 코너
11	로켓	로켓트/로케트/로킷	37	스릴	쓰릴
12	로터리	로타리	38	스위치	스윗치
13	리셉션	리쎕숀	39	스태미나	스태미너
14	메타세쿼이아	메타세쿠오이아	40	스텝	스탭
15	바게트	바게뜨	41	스트로	스트로우
16	바이털사인	바이탈사인	42	슬래시	슬래쉬
17	밴드왜건	밴드웨건	43	시그널	씨그널/시그날
18	밸런스	발란스	44	시뮬레이션	씨뮬레이션
19	버저	부저	45	시칠리아	시실리아
20	밸브	벨브/발브/벌브	46	싱크대	씽크대
21	보닛	보넷/본네트/본넷	47	아웃렛	아울렛
22	보트	보우트	48	알레르기	알러지/알레지
23	북엔드	북크엔드	49	애플리케이션	어플리케이션
24	불도그	불독	50	애피타이저	에피타이저
25	브리지	브릿지/브리쥐	51	에어컨	에어콘
26	비전	비젼/비존/비죤	52	엔도르핀	엔돌핀

구분	바른 표기	잘못된 표기	구분	바른 표기	잘못된 표기
53	엘리베이터	엘레베이터	79	플라밍고	프라밍고
54	옐로	옐로우	80	플랫	플렛트
55	오믈렛	오믈렛트	81	피에로	삐에로
56	유니언	유니온	82	핼러윈	할로윈
57	인디언	인디안	83	헤드라이트	해드라이트
58	재즈	자즈/째즈	84	호찌민	호치민
59	재즈댄스	째즈댄스/째즈땐스	85	휘슬	위슬
60	지그재그	직잭	86	글라스	글래스
61	치프멍크	치프몽크	87	리트리버	레트리버
62	카레	커리	88	매뉴얼	메뉴얼
63	카페	까페	89	버튼	버턴
64	캐러멜	카라멜	90	베이식	베이직
65	캡처	캡쳐	91	벤젠	벤즈엔
66	캐리커처	케리커쳐	92	선루프	썬루프
67	캘린더	카렌다, 카렌더	93	설루션	솔루션
68	커스터드	커스타드	94	셰프	쉐프
69	코냑	꼬냑	95	스프링클러	스프링쿨러
70	코러스	초러스	96	앤티크	앤틱
71	타워	타우어	97	에지	엣지
72	토털	토탈	98	카스텔라	카스테라
73	톱클래스	탑클래스	99	코드	커드
74	팀워크	팀웍	100	콘퍼런스	컨퍼런스
75	패밀리	훼미리	101	크레이프	크레페
76	퓨즈	푸즈/휴즈	102	태블릿	타블렛
77	프라이빗	프라이비트	103	피겨	피규어
78	프레시	프레쉬, 후레시	104	트로트	트롯

25 외래어 표기법: 유의해야 할 외래어 표기

군무원 빈출 포인트 연습 문제

[01~112] 외래어를 표기에 맞게 고쳐 쓰시오.

01	샵	28	커텐
02	까스	29	컨셉
03	까페	30	타올
04	꼬냑	31	퍼머
05	꽁뜨	32	화일
06	뉴튼	33	글래스
07	따블	34	기브스
08	링겔	35	도우넛
09	바톤	36	디스켇
10	뱃지	37	랍스타
11	비젼	38	레포트
12	쎈터	39	로봇트
13	쇼파	40	라이타
14	숏컷	41	로타리
15	쉐프	42	리모콘
16	심볼	43	마네킨
17	싸인	44	맘모스
18	써클	45	메세지
19	알콜	46	미네럴
20	앙콜	47	본네트
21	위슬	48	발란스
22	점버	49	밧데리
23	쥬스	50	비스켓
24	직잭	51	삐에로
25	째즈	52	솔루션
26	캐롤	53	시그날
27	커리	54	썬루프

정답

01	숍	28	커튼
02	가스	29	콘셉트
03	카페	30	타월
04	코냑	31	파마
05	콩트	32	파일
06	뉴턴	33	글라스
07	더블	34	깁스
08	링거	35	도넛
09	바통/배턴	36	디스켓
10	배지	37	랍스터 / 로브스터
11	비전	38	리포트
12	센터	39	로봇
13	소파	40	라이터
14	쇼트커트	41	로터리
15	셰프	42	리모컨
16	심벌	43	마네킹
17	사인	44	매머드
18	서클	45	메시지
19	알코올	46	미네랄
20	앙코르	47	보닛
21	휘슬	48	밸런스
22	점퍼/잠바	49	배터리
23	주스	50	비스킷
24	지그재그	51	피에로
25	재즈	52	설루션
26	캐럴	53	시그널
27	카레	54	선루프

#	문제	#	문제
55	아답타	84	호치민
56	알러지	85	달마시안
57	알카리	86	라이센스
58	애드립	87	런닝셔츠
59	엔돌핀	88	모짜르트
60	옐로우	89	악세서리
61	워크샵	90	앙케이트
62	유니온	91	앰블런스
63	인디안	92	센치미터
64	써비스	93	수퍼마켓
65	쏘나타	94	스넥 코너
66	소세지	95	스태미너
67	쉐퍼드	96	시실리아
68	쉬림프	97	심포지움
69	스윗치	98	카스타드
70	씽크대	99	컨테스트
71	챔피온	100	컨퍼런스
72	환타지	101	케리커쳐
73	팜플렛	102	탑클래스
74	팡파레	103	텔레비젼
75	캐비넷	104	포크레인
76	카라멜	105	후라이팬
77	카톨릭	106	플랜카드
78	커피샵	107	밀크쉐이크
79	코메디	108	씨뮬레이션
80	콘트롤	109	컴비네이션
81	콜렉션	110	그랜드캐년
82	할로윈	111	바리케이트
83	헐리웃	112	엘레베이터

정답

#	정답	#	정답
55	어댑터	84	호찌민
56	알레르기	85	달마티안
57	알칼리	86	라이선스
58	애드리브	87	러닝셔츠 / 러닝샤쓰
59	엔도르핀	88	모차르트
60	옐로	89	액세서리
61	워크숍	90	앙케트
62	유니언	91	앰뷸런스
63	인디언	92	센티미터
64	서비스	93	슈퍼마켓
65	소나타	94	스낵 코너
66	소시지	95	스태미나
67	셰퍼드	96	시칠리아
68	슈림프	97	심포지엄
69	스위치	98	커스터드
70	싱크대	99	콘테스트
71	챔피언	100	콘퍼런스
72	판타지	101	캐리커처
73	팸플릿	102	톱클래스
74	팡파르	103	텔레비전
75	캐비닛	104	포클레인
76	캐러멜	105	프라이팬
77	가톨릭	106	플래카드
78	커피숍	107	밀크셰이크
79	코미디	108	시뮬레이션
80	컨트롤	109	콤비네이션
81	컬렉션	110	그랜드캐니언
82	핼러윈	111	바리케이드
83	할리우드	112	엘리베이터

II. 국어 규범

26 국어의 로마자 표기법: 자모의 표기

1. 자음의 표기

자음

파열음						파찰음	마찰음	비음	유음	
ㄱ		ㄷ		ㅂ		ㅈ	ㅅ	ㄴ	ㄹ	
g	k	d	t	b	p	j	s	n	r	l
ㄲ		ㄸ		ㅃ		ㅉ	ㅆ	ㅁ		
kk		tt		pp		jj	ss	m		
ㅋ		ㅌ		ㅍ		ㅊ	ㅎ	ㅇ		
k		t		p		ch	h	ng		

2. 모음의 표기

단모음

ㅏ	ㅓ	ㅗ	ㅜ	ㅡ	ㅣ	ㅐ	ㅔ	ㅚ	ㅟ
a	eo	o	u	eu	i	ae	e	oe	wi

이중 모음

ㅑ	ㅕ	ㅛ	ㅠ	ㅒ	ㅖ	ㅘ	ㅙ	ㅝ	ㅞ	ㅢ
ya	yeo	yo	yu	yae	ye	wa	wae	wo	we	ui

민숙쌤의 개념 PLUS⁺

자음 표기 유의점

- 'ㄱ, ㄷ, ㅂ'
  - 모음 앞: 'g, d, b'
    - 예 구미[구미] Gumi
  - 자음 앞/어말: 'k, t, p'
    - 예 • 독도[독또] Dokdo
    - • 벚꽃[벋꼳] beotkkot
    - • 호법[호법] Hobeop

- 'ㄹ'
  - 모음 앞: 'r'
    - 예 구리[구리] Guri
  - 자음 앞, 어말: 'l'
    - 예 칠곡[칠곡] Chilgok
  - 'ㄹㄹ': 'll'로 적음
    - 예 • 알약[알략] allyak
    - • 대관령[대:괄령] Daegwallyeong

민숙쌤의 개념 PLUS⁺

모음 표기 유의점

- 'ㅢ': [ㅣ]로 소리 나더라도 'ui'로 적는다.
  - 예 광희문[광히문] Gwanghuimun

- 장모음의 표기는 따로 하지 않는다.

군무원 기출 PLUS⁺

다음 로마자 표기가 바르면 ○, 틀리면 × 표시하시오. 24년 7급

01 신설동 Shinseol-dong ( )
02 정읍시 Jeongeup-si ( )
03 태평로 Taepyeongno ( )
04 김포시 Kimpo-si ( )

[정답]
01 × (Sinseol-dong) 02 ○
03 ○ 04 × (Gimpo-si)

27 국어의 로마자 표기법: 표기상의 유의점

1. 표기상의 유의점

제1항 음운 변화가 일어날 때에는 변화의 결과에 따라 다음과 같이 적음

- 자음 사이에서 동화 작용이 일어나는 경우
  [예] 백마[뱅마] Baengma, 왕십리[왕심니] Wangsimni, 신라[실라] Silla, 촉석루[촉썽누] Chokseongnu
- 'ㄴ, ㄹ'이 덧나는 경우 [예] 학여울[항녀울] Hangnyeoul, 알약[알략] allyak
- 구개음화가 되는 경우 [예] 같이[가치] gachi, 해돋이[해도지] haedoji, 굳히다[구치다] guchida
- 'ㄱ, ㄷ, ㅂ, ㅈ'이 'ㅎ'과 합하여 거센소리로 나는 경우 [예] 좋고[조코] joko, 잡혀[자펴] japyeo
  - 다만, 체언에서 'ㄱ, ㄷ, ㅂ' 뒤에 'ㅎ'이 따를 때에는 'ㅎ'을 밝혀 적음
    [예] 묵호[무코] Mukho, 집현전[지편전] Jiphyeonjeon

붙임 된소리되기는 표기에 반영하지 않음
[예] 압구정[압꾸정] Apgujeong, 샛별[새ː뼐/샏ː뼐] saetbyeol, 낙동강[낙똥강] Nakdonggang, 독도[독또] Dokdo, 불국사[불국싸] Bulguksa, 백두산[백뚜산] Baekdusan

제2항 발음상 혼동의 우려가 있을 때에는 음절 사이에 붙임표(-)를 쓸 수 있음
[예] 중앙[중앙] Jung-ang, 세운[세운] Se-un, 반구대[반구대] Ban-gudae

제3항 고유 명사는 첫 글자를 대문자로 적음
[예] • 부산[부산] Busan, 세종[세종] Sejong
 • [참고] 벚꽃[벋꼳] beotkkot ── 벚꽃은 고유 명사가 아니라 보통 명사이므로 소문자로 적음

제4항 인명은 성과 이름의 순서로 띄어 씀. 이름은 붙여 쓰는 것을 원칙으로 하되 음절 사이에 붙임표(-)를 쓰는 것을 허용함
[예] 민용하 Min Yongha (Min Yong-ha), 송나리 Song Nari (Song Na-ri)

제5항 '도, 시, 군, 구, 읍, 면, 리, 동'의 행정 구역 단위와 '가'는 각각 'do, si, gun, gu, eup, myeon, ri, dong, ga'로 적고, 그 앞에는 붙임표(-)를 넣음. 붙임표(-) 앞뒤에서 일어나는 음운 변화는 표기에 반영하지 않음
[예] 제주도[제주도] Jeju-do, 신리[실리] Sin-ri, 일직면[일찡면] Iljik-myeon

제6항 자연 지물명, 문화재명, 인공 축조물명은 붙임표(-) 없이 붙여 씀
[예] 남산[남산] Namsan, 오죽헌[오주컨] Ojukheon

제7항 인명, 회사명, 단체명 등은 그동안 써 온 표기를 쓸 수 있음
[예] 삼성[삼성] Samsung, 현대[현대] Hyundai

민숙쌤의 개념 PLUS⁺

된소리의 표기
원래부터 된소리인 것은 음운 변화의 결과가 아니므로 된소리로 표기한다.
[예] 볶음밥[보끔밥] bokkeumbap

군무원 기출 PLUS⁺

다음 로마자 표기 중 틀린 부분을 찾아 바르게 고치시오.

01 묵호 Muko	17년 9급
02 설날 seolnal	19년 9급
03 합덕 Hapddeok	19년 9급
04 정릉 Jeongreung	21년 9급
05 왕십리 Wangsibni	21년 9급
06 한라산 Hanrasan	22년 9급
07 북한산 Bukansan	22년 9급
08 청와대 Chungwadae	22년 9급
09 가평군 Gapyeong-goon	21년 7급
10 복연필(인명) Bok Nyeonphil	22년 9급

[정답]
01 Mukho 02 seollal
03 Hapdeok 04 Jeongneung
05 Wangsimni 06 Hallasan
07 Bukhansan 08 Cheongwadae
09 Gapyeong-gun
10 Bok Yeonpil(Yeon-pil)

28. 올바른 문장 표현

1. 문장 성분 간의 호응

주어와 서술어의 호응

1) 우리가 기억해야 하는 것은 성공한 사람은 한 번 실패하더라도 절망하지 않는다.

2) 현재 우리 회사의 가장 큰 문제점은 인력이 부족하다.

3) 내가 그 문제를 틀린 이유는 계산을 잘못했었다.

4) 장관들의 의견은 비정규직 문제에 관심을 갖자는 데 뜻을 모았다.

5) 그 소방관의 장점은 불이 진행되는 방향을 잘 알고, 더 이상 불이 진행되지 않도록 한다.

〈정답〉

주어와 서술어의 호응

1) 우리가 기억해야 하는 것은 성공한 사람은 한 번 실패하더라도 절망하지 <u>않는다는 것이다</u>.

2) 현재 우리 회사의 가장 큰 문제점은 인력이 <u>부족하다는 것이다</u>.

3) 내가 그 문제를 틀린 이유는 계산을 <u>잘못했기 때문이다</u>.

4) <u>장관들은</u> 비정규직 문제에 관심을 갖자는 데 뜻을 모았다.

5) 그 소방관의 장점은 불이 진행되는 방향을 잘 알고, 더 이상 불이 진행되지 않도록 <u>하는 것이다</u>.

부사어와 서술어의 호응

1) 부지런히 장사를 한 그가 많은 재산을 모은 것은 결코 우연한 일이었다.

2) 이런 부작용에 대해서는 절대로 미리 알려 주어야 합니다.

3) 친구의 동생은 그다지 똑똑하다.

4) 그는 좀처럼 화를 낸다.

5) 이런 일은 비단 어제오늘의 일이다.

6) 설마 그녀가 부정행위를 저질렀다.

<정답>

부사어와 서술어의 호응

1) 부지런히 장사를 한 그가 많은 재산을 모은 것은 결코 우연한 일이 아니었다.

2) 이런 부작용에 대해서는 반드시 미리 알려 주어야 합니다.

3) 친구의 동생은 그다지 똑똑하지 않다.

4) 그는 좀처럼 화를 내지 않는다.

5) 이런 일은 비단 어제오늘의 일이 아니다.

6) 설마 그녀가 부정행위를 저질렀을까?

28 올바른 문장 표현

병렬 구조의 호응 (주어+서술어 호응, 목적어+서술어 호응)

1) 어제는 비와 바람이 많이 불었다.

2) 정치가는 사회 현실과 사회적 책임을 다해야 한다.

3) 자기의 장점과 단점을 보완하는 사람이 성공할 수 있다.

4) 감염병 방역 체계의 문제점과 대안을 마련한다.

수식어와 피수식어의 호응

1) 용감한 그의 아버지

2) 한결같이 정다운 영희를 사랑하는 사람들이 많습니다.

<정답>

병렬 구조의 호응

1) 어제는 <u>비가 내리고</u> 바람이 많이 불었다.
2) 정치가는 <u>사회 현실을 알고</u>, 사회적 책임을 다해야 한다.
3) 자기의 <u>장점을 알고</u>, 단점을 보완하는 사람이 성공할 수 있다.
4) 감염병 방역 체계의 <u>문제점을 파악하여</u> 대안을 마련한다.

수식어와 피수식어의 호응

1)
- 그의 <u>용감한</u> 아버지
- 용감한 <u>그의</u> 아버지
- <u>용감한,</u> 그의 아버지

2)
- 정다운 영희를 <u>한결같이</u> 사랑하는 사람들이 많습니다.
- 한결같이 정다운 <u>영희를,</u> 사랑하는 사람들이 많습니다.
- <u>한결같이,</u> 정다운 영희를 사랑하는 사람들이 많습니다.

2. 문장 성분의 생략

주어가 생략된 경우

1) 본격적인 공사가 언제 시작되고, 언제 개통될지 모른다.

2) 모든 사원들이 회사의 앞날을 걱정하고 있을 때, 오히려 공격적인 투자를 해야 한다고 주장했다.

목적어가 생략된 경우

1) 나는 지난봄부터 하루도 거르지 않고 열심히 하고 있다.

2) 나는 꽃이 좋아서 심었다.

부사어가 생략된 경우

1) 할아버지께서는 기분이 좋으셨는지 용돈을 듬뿍 주셨다.

2) 인간은 환경을 지배하기도 하고, 때로는 순응하면서 산다.

<정답>

주어가 생략된 경우

1) 본격적인 공사가 언제 시작되고, <u>도로가</u> 언제 개통될지 모른다.

2) 모든 사원들이 회사의 앞날을 걱정하고 있을 때, 오히려 <u>사장은</u> 공격적인 투자를 해야 한다고 주장했다.

목적어가 생략된 경우

1) 나는 지난봄부터 하루도 거르지 않고 <u>운동을</u> 열심히 하고 있다.

2) 나는 꽃이 좋아서 <u>꽃을</u> 심었다.

부사어가 생략된 경우

1) 할아버지께서는 기분이 좋으셨는지 <u>우리에게</u> 용돈을 듬뿍 주셨다.

2) 인간은 환경을 지배하기도 하고, 때로는 <u>환경에</u> 순응하면서 산다.

28 올바른 문장 표현

3. 불필요한 문장 성분의 사용

의미의 중복

1) 연휴 기간 동안 과자를 마음껏 먹었다.

2) 요즘 같은 때에는 공기를 자주 환기해야 감기에 안 걸리는 거야.

3) 이렇게 어려운 책을 속독으로 빠르게 읽는 것은 하늘의 별 따기이다.

4) 겨울철 소외된 이웃들에게 따뜻한 온정을 베풀어야 한다.

5) 학생들의 불만이 겉으로 표출되었다.

〈정답〉

의미의 중복

1) 연휴 동안 과자를 마음껏 먹었다.

2) 요즘 같은 때에는 자주 환기해야 감기에 안 걸리는 거야.

3) 이렇게 어려운 책을 빠르게 읽는 것은 하늘의 별 따기이다.

4) 겨울철 소외된 이웃들에게 온정을 베풀어야 한다.

5) • 학생들의 불만이 표출되었다.
   • 학생들의 불만이 겉으로 나타났다.

4. 문장의 중의성

수식 범위의 모호성

1) 점원은 웃으면서 들어오는 손님을 맞이했다.

부정 표현의 모호성

1) 사람들이 아직 다 오지 않았다.

조사 '와/과'의 연결 관계에 따른 중의성

1) 어머니께서 사과와 귤 두 개를 주셨다.

2) 나는 어제 예지와 철수를 만났다.

3) 사장은 오랜만에 직원들과 공장을 둘러보았다.

〈정답〉

수식 범위의 모호성

1)
- 점원은 웃으면서, 들어오는 손님을 맞이했다.
- 점원은, 웃으면서 들어오는 손님을 맞이했다.

부정 표현의 모호성

1)
- 사람들이 아직 다는 오지 않았다.
- 사람들이 아직 아무도 오지 않았다.

조사 '와/과'의 연결 관계에 따른 중의성

1)
- 어머니께서 사과 한 개와 귤 한 개를 주셨다.
- 어머니께서 사과 한 개와 귤 두 개를 주셨다.
- 어머니께서 사과와 귤을 각각 두 개씩 주셨다.

2)
- 나는 어제 예지와 함께 철수를 만났다.
- 나는 어제 예지를 만나고, 그 다음에 철수를 만났다.
- 나는 어제 예지와 함께 있는 철수를 만났다.

3)
- 사장은 오랜만에 직원들과 함께 공장을 둘러보았다.
- 사장은 오랜만에 직원들을 둘러보고, 공장도 둘러보았다.

28 올바른 문장 표현

비교 구문의 중의성

1) 남편은 나보다 게임을 더 좋아한다.

의존 명사 '것'의 사용

1) 그가 걸음을 걷는 것이 이상하다.

'의'를 포함한 명사구의 중의성

1) 탁자 위에 할머니의 그림이 놓여 있었다.

진행상과 완료상에 따른 중의성

1) 철수는 넥타이를 매고 있다.

<정답>

비교 구문의 중의성

1) • 남편은 내가 게임을 좋아하는 것보다 더 게임을 좋아한다.
   • 남편은 나를 좋아하기보다는 게임을 더 좋아한다.

의존 명사 '것'의 사용

1) • 그가 걷는 모습이 이상하다.
   • 그가 걸음을 걷는다는 사실 자체가 이상하다.

'의'를 포함한 명사구의 중의성

1) • 탁자 위에 할머니께서 그리신 그림이 놓여 있었다.
   • 탁자 위에 할머니가 소유한 그림이 놓여 있었다.
   • 탁자 위에 할머니를 그린 그림이 놓여 있었다.

진행상과 완료상에 따른 중의성

1) • 철수는 넥타이를 매는 중이다.
   • 철수는 넥타이를 맨 상태이다.

5. 어휘의 적절한 사용

어휘의 적절한 사용

1) 한여름에는 날씨가 푹하다.

2) 나는 승진을 빌미로 더욱 노력할 것이라고 다짐했다.

3) 뜨거운 햇빛 때문에 꽃이 까맣게 말라 죽었다.

4) 내일이 시험이라 뜬눈으로 밤을 샜다.

5) 어머니께서는 삶은 달걀을 간장에 졸이셨다.

6) 리보솜과 리소좀은 서로 틀린 거야.

7) 잃어버린 물건을 찾으려면 분실물 보관소에 가야 한다.

8) 축배를 터트리며 함께 우승의 기쁨을 나누었다.

〈정답〉

어휘의 적절한 사용

1) • <u>겨울인데도</u> 날씨가 푹하다.
   • 한여름에는 날씨가 <u>덥다</u>.

2) 나는 승진을 <u>계기로</u> 더욱 노력할 것이라고 다짐했다.

3) 뜨거운 <u>햇볕</u> 때문에 꽃이 까맣게 말라 죽었다.

4) 내일이 시험이라 뜬눈으로 밤을 <u>새웠다</u>.

5) 어머니께서는 삶은 달걀을 간장에 <u>조리셨다</u>.

6) 리보솜과 리소좀은 서로 <u>다른</u> 거야.

7) <u>잃어버린</u> 물건을 찾으려면 분실물 보관소에 가야 한다.

8) • <u>축배를 들며</u> 함께 우승의 기쁨을 나누었다.
   • <u>축포를 터트리며</u> 함께 우승의 기쁨을 나누었다.

28 올바른 문장 표현

9) 그는 이웃집 여자가 죽었다는 낭보를 듣자 마음이 울적해졌다.

10) 할머니께서 중풍으로 누워 계실 때, 어머니는 병치레를 극진히 하였다.

11) 공과금을 정해진 기일까지 지정 기관에 수납하시기 바랍니다.

12) 감염을 막기 위해 예방 접종을 맞았다.

13) 우리 사무실에서는 쓰레기를 분리수거해야 합니다.

14) 아이들은 묵묵히 벽돌을 날았다.

15) 노란 풍선이 잘 날라가고 있습니다.

16) 오다가 가게에 들려서 계란 좀 사 오렴.

<정답>

9) 그는 이웃집 여자가 죽었다는 비보를 듣자 마음이 울적해졌다.

10) 할머니께서 중풍으로 누워 계실 때, 어머니는 병구완을 극진히 하였다.

11) • 공과금을 정해진 기일까지 지정 기관에 납부하시기 바랍니다.
• 공과금을 정해진 기일까지 지정 기관에 내시기 바랍니다.

12) • 감염을 막기 위해 예방 주사를 맞았다.
• 감염을 막기 위해 예방 접종을 했다.
• 감염을 막기 위해 예방 접종을 받았다.

13) • 우리 사무실에서는 쓰레기를 분리해서 버려야 합니다.
• 우리 사무실에서는 쓰레기를 분리배출 해야 합니다.

14) 아이들은 묵묵히 벽돌을 날랐다.

15) 노란 풍선이 잘 날아가고 있습니다.

16) 오다가 가게에 들러서 계란 좀 사 오렴.

6. 문법 요소의 적절한 사용

조사 사용의 적절성

1) 이 책은 전문 서적치고 글의 내용이 어렵다.

2) 그녀와 헤어진 후, 나는 날마다 술이 취해 지냈다.

3) 시민 단체는 환경오염 문제에 대해 정부에게 강력히 항의했다.

4) 대통령은 진지한 연설로서 국민을 설득했다.

5) 약은 약사에게 상의하십시오.

6) 친구가 "난 학교에 안 가겠다."고 말했다.

<정답>

조사 사용의 적절성

1) 이 책은 전문 서적치고 글의 내용이 쉽다.

2) 그녀와 헤어진 후, 나는 날마다 술에 취해 지냈다.

3) 시민 단체는 환경오염 문제에 대해 정부에 강력히 항의했다.

4) 대통령은 진지한 연설로써 국민을 설득했다.

5) 약은 약사와 상의하십시오.

6) 친구가 "난 학교에 안 가겠다."라고 말했다.

28 올바른 문장 표현

어미 사용의 적절성

1) 여기에 있던지 가던지 마음대로 해라.

2) 문제에 알맞는 답을 고르시오.

3) 아버님, 올해도 건강하세요.

4) 자주 연락드릴께요.

〈정답〉

어미 사용의 적절성

1) 여기에 있든지 가든지 마음대로 해라.
2) 문제에 알맞은 답을 고르시오.
3) 아버님, 올해도 건강하게 지내세요.
4) 자주 연락드릴게요.

7. 명사화, 관형화 구성

명사화, 관형화 구성의 남용

1) 보건 당국은 전염병 확산 방지 대책 마련에 힘써야 한다.

2) 당황한 겁먹은 그를 진정시키는 것은 쉬운 일이 아니었다.

<정답>

명사화, 관형화 구성의 남용

1) 보건 당국은 전염병이 확산되는 것을 방지하기 위한 대책을 마련하는 데에 힘써야 한다.

2) 당황하고 겁먹은 그를 진정시키는 것은 쉬운 일이 아니었다.

28 올바른 문장 표현

8. 번역 투 표현

영어 번역 투 표현

1) 현실을 고려에 넣는다면 그렇게 무리한 계획을 세워서는 안 된다.

2) 이 사업은 초기에 집중적인 투자를 필요로 한다.

3) 동생으로부터 편지가 도착했다.

4) 그 괴물은 큰 눈을 갖고 있다.

5) 나는 할머니에 의해 예의 바른 아이로 키워졌다.

6) 불조심하는 것은 아무리 강조해도 지나치지 않는다.

7) 우리 학원은 강남역 근처에 위치하고 있습니다.

8) 우리 모두 내일 오전 10시에 회의를 갖도록 하자.

〈정답〉

영어 번역 투 표현

1) 현실을 <u>고려한다면</u> 그렇게 무리한 계획을 세워서는 안 된다.

2) 이 사업은 초기에 집중적인 <u>투자가 필요하다</u>.

3) <u>동생에게서</u> 편지가 도착했다.

4) 그 괴물은 <u>눈이 크다</u>.

5) <u>할머니는 나를</u> 예의 바른 아이로 <u>키우셨다</u>.

6) • 불조심하는 것은 아무리 강조해도 <u>지나침이 없다</u>.
   • 언제나 <u>불조심을 해야 한다</u>.
   • 불조심하는 것은 <u>강조할 만 하다</u>.

7) 우리 학원은 강남역 근처에 <u>있습니다</u>.

8) • 우리 모두 내일 오전 10시에 <u>회의하자</u>.
   • 우리 모두 내일 오전 10시에 <u>회의를 하자</u>.

9) 주민들은 건물 붕괴와 함께 실종되었다.

일본어 번역 투 표현

1) 그 사람은 선각자에 다름 아니다.

2) 실습에 있어서 진지하게 임하는 것은 매우 중요하다.

3) 그의 작품은 이러한 주목에 값한다.

<정답>

9) 주민들은 건물이 붕괴되면서 실종되었다.

일본어 번역 투 표현

1) • 그 사람은 선각자나 다름없다.
   • 그 사람은 선각자라 할 만하다.

2) 실습에 진지하게 임하는 것은 매우 중요하다.

3) 그의 작품은 주목할 만하다.

28 올바른 문장 표현

군무원 빈출 포인트 연습 문제

[01~31] 다음 문장에서 어색한 부분을 찾아 바르게 고치시오.

01 그는 천재로 불려졌다.

02 어제 들은 말이 잊혀지지 않는다.

03 그는 창작 활동과 전시회를 열었다.

04 나는 오늘 아침 나무에게 물을 주었다.

05 시험을 치는 것이 이로서 두 번째이다.

06 고객님, 주문하신 물건이 나오셨습니다.

07 이어서 회장님의 인사 말씀이 계시겠습니다.

08 귀하의 노고와 번영을 진심으로 기원합니다.

09 그는 내키지 않는 일은 반드시 하지 않는다.

10 열차를 타시거나 내리실 때 뛰면 안 됩니다.

11 동생은 가던 길을 멈추면서 나에게 달려왔다.

12 오늘 오후에 팀 전체가 모여 회의를 갖겠습니다.

13 어른들이 묻자 안절부절하며 어쩔 줄 몰라 했다.

14 인간은 자연을 지배하기도 하고 복종하기도 한다.

15 회의에 있어서 진지하게 참여하는 것이 중요하다.

16 영희는 철수와 싸운 뒤로 일체 대화를 하지 않는다.

17 사고 원인 파악과 재발 방지 대책을 조속히 마련함.

18 내가 강조하고 싶은 점은 우리가 고유 언어를 가졌다.

정답

01 불려졌다 → 불렸다
02 잊혀지지 → 잊히지
03 창작 활동과 → 창작 활동을 하고
04 나무에게 → 나무에
05 이로서 → 이로써
06 나오셨습니다 → 나왔습니다
07 계시겠습니다 → 있으시겠습니다/있겠습니다
08 노고와 → 노고를 치하하고/노고에 감사드리며
09 반드시 → 절대로
10 내리실 때 → 열차에서 내리실 때
11 멈추면서 → 멈추고
12 회의를 갖겠습니다 → 회의하겠습니다
13 안절부절하며 → 안절부절못하며
14 복종하기도 → 자연에 복종하기도
15 회의에 있어서 → 회의에
16 일체 → 일절
17 사고 원인 파악과 재발 방지 대책을 → 사고의 원인을 파악하고 재발되는 것을 방지하기 위한 대책을
18 가졌다 → 가졌다는 것(사실)이다

19 시간 내에 역에 도착하려면 가능한 빨리 달려야 합니다.

20 북극의 빙하는 수십 년 내에 없어질 것으로 예측되어졌다.

21 그 사람이 우리에게 중요한 까닭은 우리가 합격했다는 사실이다.

22 졸업한 형도 못 푸는 문제인데, 하물며 네가 풀겠다고 덤볐다.

23 형은 조문객들과 잠시 환담을 나눈 후 다시 상주 자리로 돌아왔다.

24 미주는 권장 도서 목록 선정이 너무 주관적이라며 불만을 터뜨렸다.

25 너 요새 허리가 많이 두꺼워진 걸 보니 통 운동을 안 하는 모양이다.

26 전철 내에서 뛰지 말고, 문에 기대거나 강제로 열려고 하지 마십시오.

27 저희 결혼식에 참석하여 축복과 격려하여 주셔서 감사합니다.

28 공과금을 기한 내에 지정된 금융 기관에 수납하지 않으면 연체료를 내야 한다.

29 내가 유학을 떠날 때, 친구가 소개시켜 준 학교는 유명한 학교가 아니었다.

30 자율 학습 시간을 줄이는 대신 보충 수업 시간을 늘이는 것에 대해 매우 부정적입니다.

31 그 일이 벌어졌을 때 아마 마음속으로라도 박수를 보내는 사람은 얼마나 되었을까.

[32~35] 다음 문장에서 의미의 중복이 있는 부분을 찾아 바르게 고치시오.

32 나는 오늘 저녁에 역전 앞에서 선이를 만나기로 했다.

33 그 문제에 대해서는 더 이상 다시 재론할 필요가 없다.

34 의미 변화가 왜 일어나는가의 원인을 살펴보기로 한다.

35 공사하는 기간 동안 안전사고가 일어나지 않도록 유의해 주십시오.

정답

19 가능한 → 가능한 한
20 예측되어졌다 → 예측된다
21 합격했다는 사실이다 → 합격했기 때문이다
22 덤볐다 → 덤비느냐
23 환담을 → 이야기를
24 권장 도서 목록 선정이 → 권장 도서의 목록을 선정한 것이
25 두꺼워진 걸 → 굵어진 걸
26 강제로 열려고 → 문을 강제로 열려고
27 축복과 → 축복하고
28 수납하지 → 납부하지
29 소개시켜 준 → 소개해 준
30 늘이는 → 늘리는
31 아마 → 과연
32 역전 앞에서 → 역전에서/역 앞에서
33 다시 재론할 → 다시 논할/재론할
34 의미 변화가 왜 일어나는가의 원인을 → 의미 변화가 왜 일어나는가를/의미 변화의 원인을
35 공사하는 기간 동안 → 공사하는 기간에는/공사하는 동안

29 표준 언어 예절

1. 호칭어와 지칭어

부모에 대한 호칭어와 지칭어

자기 부모에 대한 호칭어와 지칭어

구분	호칭어		지칭어	
	아버지	어머니	아버지	어머니
살아 계신 경우	• 아버지 • 아빠	• 어머니 • 엄마	• 아버지 • 아빠 • 가군(家君) • 가친(家親) • 부친(父親) • 엄부(嚴父) • 엄친(嚴親)	• 어머니 • 엄마 • 모친(母親) • 가자(家慈) • 자친(慈親) • 가모(家母)
돌아가신 경우	-	-	• 아버지 • 아버님 • 선고(先考) • 선군(先君) • 선친(先親)	• 어머니 • 어머님 • 선비(先妣) • 선자(先慈)

남의 부모에 대한 호칭어와 지칭어

구분	호칭어		지칭어	
	아버지	어머니	아버지	어머니
살아 계신 경우	• ○○[친구] 아버지 • ○○[친구] 아버님	• ○○[친구] 어머니 • ○○[친구] 어머님	• 아버님 • 대인(大人) • 춘부장(椿府丈) • 춘당(椿堂)	• 어머님 • 대부인(大夫人) • 자당(慈堂) • 훤당(萱堂)
돌아가신 경우	-	-	• 아버님 • 선대인(先大人) • 선고장(先考丈)	• 어머님 • 선대부인(先大夫人) • 선자당(先慈堂) • 선훤당(先萱堂)

군무원 기출 PLUS⁺

다음 빈칸에 들어갈 알맞은 말을 쓰시오.

01 남편 누나의 남편은 ( )(이)라 부른다. 17년 9급

02 아내 남동생의 아내는 ( )(이)라 부른다. 17년 9급

03 여자 입장에서 오빠의 아내와 남동생의 아내에게 공통적으로 사용할 수 있는 명칭은 ( )이다. 13년 9급

[정답]
01 아주버님   02 처남댁
03 올케

친인척에 대한 호칭어와 지칭어

시부모와 며느리 사이

구분	호칭어	지칭어	비고
남편의 아버지 (시아버지)	아버님	아버님	친정 쪽 사람이나 그 밖의 사람에게는 '시아버님', '시아버지', 'OO[자녀] 할아버님', 'OO[자녀] 할아버지'라고 한다.
남편의 어머니 (시어머니)	어머님, 어머니	어머님	친정 쪽 사람이나 그 밖의 사람에게는 '시어머님', '시어머니', 'OO[자녀] 할머님', 'OO[자녀] 할머니'라고 한다.
며느리	• 어멈, 어미 • OO[손주] 어멈, OO[손주] 어미 • 아가, 새아가	• 어멈, 어미 • OO[손주] 어멈, OO[손주] 어미 • 아기, 새아기	당사자 남편인 아들에게는 '네 댁, 네 처'라고 쓸 수 있다.

처부모와 사위 사이

구분	호칭어	지칭어	비고
아내의 아버지(장인)	장인어른, 아버님	장인어른, 아버님	자녀에게는 지칭어로 '외할아버님, 외할아버지'로 쓴다.
아내의 어머니(장모)	장모님, 어머님	장모님, 어머님	자녀에게는 지칭어로 '외할머님, 외할머니'로 쓴다.
사위	• O 서방 • OO[외손주] 아범, OO[외손주] 아비	• O 서방 • OO[외손주] 아범, OO[외손주] 아비	당사자에게는 '자네'로 가리킬 수 있다.

29 표준 언어 예절

동기간 및 동기의 배우자와 관련된 호칭어와 지칭어

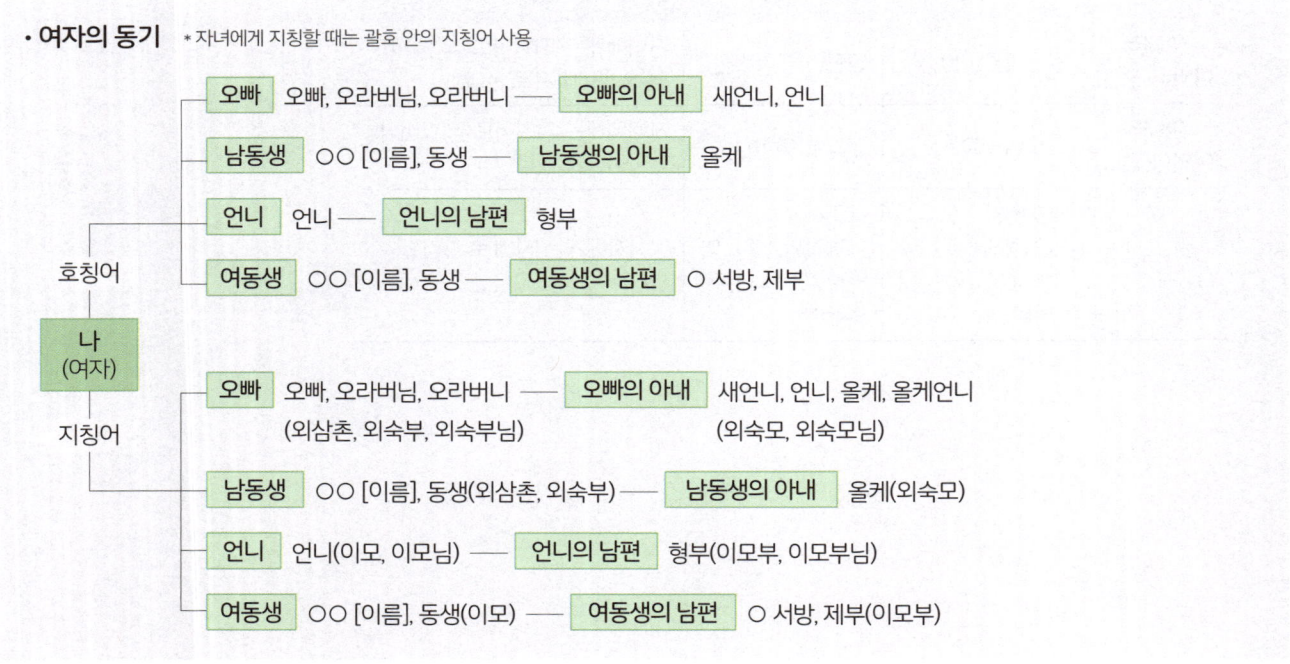

배우자의 동기와 관련된 호칭어와 지칭어

• **남편의 동기와 그 배우자** *자녀에게 지칭할 때는 괄호 안의 지칭어 사용

호칭어 — 나(여자)
- 남편의 형 — 아주버님 — 남편 형의 아내 — 형님
- 남편의 남동생 — 도련님[미혼], 서방님[기혼] — 남편 남동생의 아내 — 동서
- 남편의 누나 — 형님 — 남편 누나의 남편 — 아주버님
- 남편의 여동생 — 아가씨, 아기씨 — 남편 여동생의 남편 — 서방님

지칭어 — 나(여자)
- 남편의 형 — 아주버님, 시숙(媤叔)(큰아버지, 큰아버님) — 남편 형의 아내 — 형님(큰어머니, 큰어머님)
- 남편의 남동생 — 도련님[미혼], 서방님[기혼](작은아버지, 작은아버님, 삼촌) — 남편 남동생의 아내 — 동서(작은어머니, 작은어머님)
- 남편의 누나 — 형님(고모, 고모님) — 남편 누나의 남편 — 서방님(고모부, 고모부님)
- 남편의 여동생 — 아가씨, 아기씨(고모, 고모님) — 남편 여동생의 남편 — 서방님(고모부, 고모부님)

• **아내의 동기와 그 배우자** *자녀에게 지칭할 때는 괄호 안의 지칭어 사용

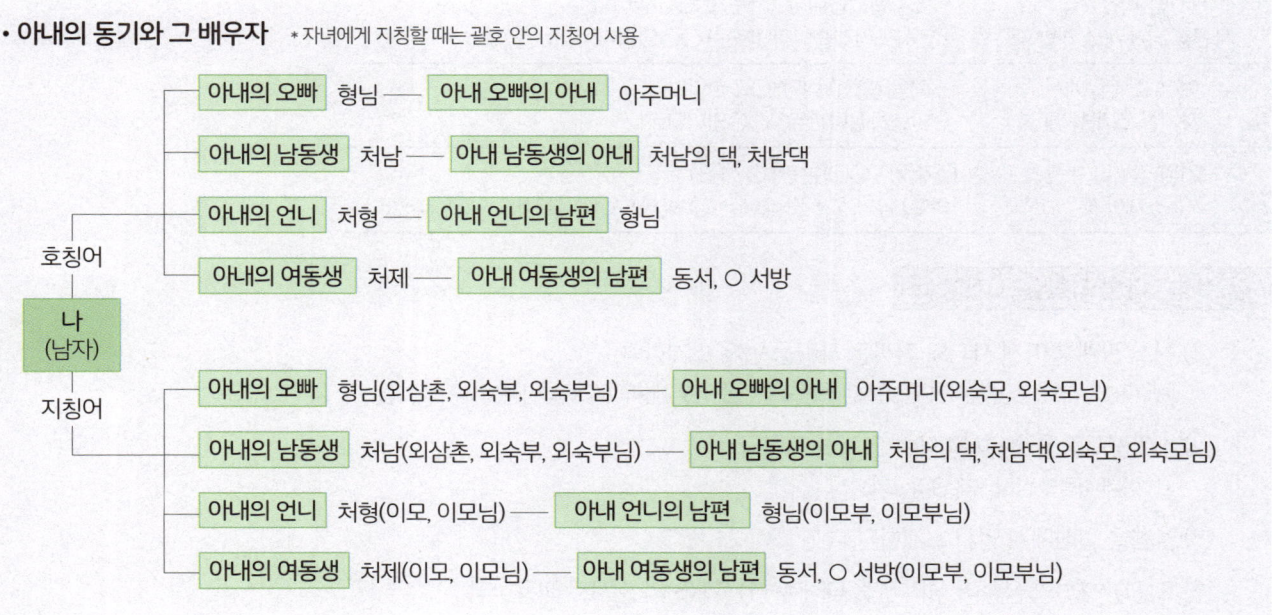

호칭어 — 나(남자)
- 아내의 오빠 — 형님 — 아내 오빠의 아내 — 아주머니
- 아내의 남동생 — 처남 — 아내 남동생의 아내 — 처남의 댁, 처남댁
- 아내의 언니 — 처형 — 아내 언니의 남편 — 형님
- 아내의 여동생 — 처제 — 아내 여동생의 남편 — 동서, ○ 서방

지칭어 — 나(남자)
- 아내의 오빠 — 형님(외삼촌, 외숙부, 외숙부님) — 아내 오빠의 아내 — 아주머니(외숙모, 외숙모님)
- 아내의 남동생 — 처남(외삼촌, 외숙부, 외숙부님) — 아내 남동생의 아내 — 처남의 댁, 처남댁(외숙모, 외숙모님)
- 아내의 언니 — 처형(이모, 이모님) — 아내 언니의 남편 — 형님(이모부, 이모부님)
- 아내의 여동생 — 처제(이모, 이모님) — 아내 여동생의 남편 — 동서, ○ 서방(이모부, 이모부님)

29 표준 언어 예절

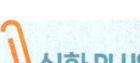 심화 PLUS⁺

부부 사이의 호칭어와 지칭어

구분	호칭어	지칭어
남편	여보, ○○ 씨, 영감, ○○[자녀] 아버지/아빠, ○○[손주, 외손주] 할아버지	당신, ○○ 씨, 영감, 아범, 아비, 그이, ○ 서방
아내	여보, ○○ 씨, 임자, ○○[자녀] 엄마, ○○[손주, 외손주] 할머니	• ○○ 씨, 임자, 어멈, 어미, ○○[자녀] 엄마, 당신, 집사람, 안사람, 아내, 처 (○) • 마누라, 와이프, 부인 (×)

2. 소개하는 말

자신을 소개할 때

상황	소개하는 말
두 사람이 만났을 때, 자신을 남에게 소개할 때	• 처음 뵙겠습니다. (저는) ○○○입니다. • 인사드리겠습니다. (저는) ○○○입니다.
여러 사람 앞에서 자기를 소개할 때	• 처음 뵙겠습니다. ○○○입니다. • 안녕하십니까? ○○○입니다.
자기의 성씨나 본관을 소개할 때	○가(哥), ○○[본관] ○가(哥) [참고] 남의 성을 말할 때는 '○씨(氏)', '○○[본관] ○씨(氏)'라 한다.

중간에서 다른 사람을 소개할 때

- (1) 친소 관계를 따져 자기와 가까운 사람을 먼저 소개한다.
  - [예] (어머니와 선생님 사이에서 서로 인사하도록 하는 경우) 어머니를 선생님에게 먼저 소개함
- (2) 손아랫사람을 손윗사람에게 먼저 소개한다.
  - [예] 아래 직원을 상사에게 먼저 소개함
- (3) 남성을 여성에게 먼저 소개한다.

[참고] (1) ~ (3)의 상황이 섞여 있을 때에는 (1) (2) (3)의 순서로 적용한다.

3. 인사말

일상생활의 인사말

상황	표현	비고
아침 인사	좋은 아침! (×)	외국어를 직역한 말이므로 쓰지 않는 것이 좋다.
퇴근할 때 아랫 사람이 윗사람에게	수고하십시오. (×)	윗사람에게 사용하는 말로 부적절하지만 동년배나 아래 직원에게는 쓸 수 있다.
손윗사람과 헤어질 때	안녕히 돌아가십시오. (×)	'안녕히 돌아가십시오.'는 '돌아가다'가 '죽는다', '빙 돌아서 간다'라는 뜻을 나타내는 경우가 있어 듣는 사람이 불쾌할 수 있으므로 되도록 쓰지 않는 것이 좋다.
잘못된 전화를 받을 때	'잘못 거셨습니다.'만 사용 (×)	'잘못 거셨습니다.'만 사용할 경우 전화 건 사람의 자존심을 상하게 할 수 있으므로 적절하지 않다. '잘못 걸렸습니다'는 적절한 표현이다.
전화를 끊을 때	들어가세요. (×)	명령형 표현이며 일부 지역에서만 쓰는 말이므로 피하는 것이 바람직하다. '안녕히 계십시오', '고맙습니다'가 적절한 표현이다.
자신을 남에게 소개할 때	저는 김가입니다. (○)	자신의 성을 말할 때는 '가(哥)'를 사용한다.
남을 다른 사람에게 소개할 때	이분은 김씨입니다. (○)	남의 성을 말할 때는 '씨(氏)'를 사용한다.
부모님을 소개할 때	저희 아버지의 성함은 홍 길 자 동자입니다. (○)	성에는 '자' 자를 붙이지 않는다.
방송 매체에서 소개할 때	○○○ 씨를 소개하겠습니다. (○)	시청자나 청취자가 다양한 계층의 사람들이어서 그 방송을 보거나 듣는 사람이 소개 받는 사람보다 윗사람일 수 있기 때문이다.
어른에게	식사 드셨습니까? (×)	진지 드셨습니까?
동료 과장이 직원에게	신민숙 씨, 이 과장은 어디 갔습니까? (×)	신민숙 씨, 이 과장님은 어디 가셨습니까?
자기 아내를 소개하며	제 부인입니다. (×)	제 아내/집사람/안사람입니다.

29 표준 언어 예절

직장에서	김 씨, 내 방에서 이야기 좀 할까요? (×)	김○○ 씨, 내 방에서 이야기 좀 할까요?
음식점에서	이모, 메뉴판 좀 주세요. (×)	아주머니, 메뉴판 좀 주세요.
점원이 손님에게	총 5만 원 되시겠습니다. (×)	총 5만 원입니다.
친구에게	오늘 어머니께 야단 맞았어. (×)	오늘 어머니께 꾸중을 들었어.
거래처 사람에게 자신을 소개하며	저는 김철수 사장입니다. (×)	저는 사장 김철수입니다.
남편을 부르면서	아빠, 이것 좀 가져다가 주세요. (×)	여보(○○ 아빠), 이것 좀 가져다가 주세요.
청첩장에 쓴 글에서	부디 오셔서 축하해 주시기 바랍니다. (×)	축하해 주시면 감사하겠습니다.
당선 소감을 말할 때	본인을 선출하여 주신 여러분에게 감사를 표하고자 합니다. (×)	저를 선출하여 주신 여러분께 감사를 표하고자 합니다.
선생님께 질문을 하면서	제가 한 말씀은요. (×)	제가 드린 말씀은요.

심화 PLUS⁺

특정한 때의 인사말

상황	표현	비고
(윗사람에게) 송년 인사말 할 때	한 해 동안 수고하셨습니다. (×)	'수고하다'라는 말은 동료나 아랫사람에게 쓰이는 말이므로 윗사람에게 써서는 안 된다.
세배할 때	절 받으세요/앉으세요. (×)	말없이 그냥 절을 하는 것이 공손하다.
	새해 복 많이 받으십시오. (×)	절 자체가 인사이므로 불필요하다.
	만수무강하십시오/ 오래오래 사세요. (×)	말하는 사람의 의도와 달리 어른에게 서글픔을 느끼게 할 수 있으므로 피하는 것이 좋다. 생신을 맞이하는 부모에게 헌수를 할 때는 사용 가능하다.
문상(問喪) 할 때	호상(好喪)입니다. (×)	문상객끼리는 몰라도 문상객이 상주에게 '호상(好喪)입니다.'라고 말하는 것은 예의가 아니다. 고인에게 재배하고 상주에게 절한 후 아무 말도 하지 않고 물러 나오는 것이 일반적이다.

심화 PLUS⁺

편지의 서식

- 보내는 사람을 쓰는 법
    - 과거: 자신의 이름 + 배상, 상서, 배백 *예스러운 글에서 사용*
    - 현재 ┬ 높여야 하는 개인 예) ○○○ 올림(드림), 집안사람(성 ×)
           └ 회사나 단체에 보내는 경우 예) ○○ 주식회사 사장 ○○○ 올림(드림)
- 받는 사람을 쓰는 법
    - 높여야 할 개인에게 예) ○○○ 님(께), ○○○ 과장님, ○○○ 귀하, ○○○ 좌하
    - 회사, 단체로 보내는 경우
      예) ○○ 주식회사 귀중, ○○ 주식회사 사장님, ○○ 주식회사 ○○○ 사장 귀하

군무원 기출 PLUS⁺

다음 표현이 언어 예절에 맞으면 ○, 예절에 어긋나면 ×표시하시오.
13년 9급

01 (문상객이 상주에게) 호상입니다. ( )

02 (문병을 가서 환자에게) 쾌유를 바랍니다. ( )

03 (연말에 직장 동료에게) 한 해 동안 수고하셨습니다. ( )

04 (정년퇴직하는 분에게 축하 인사를 할 때) 축하합니다. 그동안 애 많이 쓰셨습니다. ( )

[정답] 01 × 02 ○ 03 ○ 04 ○

29 표준 언어 예절

심화 PLUS⁺

• 국어 순화의 예

구분	순화 대상어	순화어	구분	순화 대상어	순화어
1	가건물	임시 건물	27	리어카	손수레
2	거래선	거래처	28	가라오케	노래방
3	고아원	보육원	29	건답	마른논
4	과금	요금	30	고참	선임(자), 선참(자)
5	노견	갓길	31	기스	흠(집)
6	대절(貸切)	전세	32	노블레스 오블리주	지도층 의무
7	땡땡이	물방울무늬	33	독거	홀로 삶
8	리플	댓글	34	랜드마크	마루지, 상징물
9	발코니	난간	35	마포	자루걸레
10	생방송	현장 방송	36	백미러	뒷거울
11	시건장치	잠금장치	37	셔틀버스	순환 버스
12	(콘크리트) 양생(養生)	(콘크리트) 굳히기	38	시방서	설명서
13	우편배달부	집배원	39	와사비	고추냉이
14	이모티콘	그림말	40	웰빙	참살이
15	인턴사원	실습 사원	41	익일	다음 날, 이튿날
16	지불하다	치르다	42	(법에) 저촉되다	(법에) 걸리다
17	촉수 엄금	손대지 마시오	43	징크스	액(厄), 불길한 일
18	카트	수레	44	출입구	출입문
19	투기	버림	45	커미션	수수료, 중개료
20	학부형(學父兄)	학부모(學父母)	46	텔레뱅킹	전화 거래
21	가처분	임시 처분	47	할증료	추가금, 웃돈
22	고수부지	둔치	48	바인더	보관철
23	곰장어	먹장어	49	살색	살구색
24	네티즌	누리꾼	50	수위실	경비실
25	단도리	채비, 준비, 단속	51	아나고	붕장어
26	땡깡	생떼	52	요지	이쑤시개

번호	순화 대상어	순화어	번호	순화 대상어	순화어
53	이면 도로	뒷길	67	은닉하다	숨기다
54	인터체인지	입체 교차로	68	인센티브	유인책, 조성책
55	가석방	임시 석방	69	전조등	앞등
56	게첨	내붙임	70	차압	압류
57	곤색	감색	71	취식	먹기
58	나시	민소매	72	컨펌	확인
59	님비	지역 이기주의	73	펜스	장애물
60	돈가스	돼지고기 튀김	74	화훼	꽃
61	로그인	접속	75	지분	몫
62	매점(買占)	사재기	76	처녀작	첫 작품
63	변제하다	갚다	77	취조	문초
64	수순	순서, 절차, 차례	78	쿠사리	면박, 핀잔, 꾸중
65	십분	충분히	79	포맷	양식, 서식, 형식
66	와쿠(와꾸)	틀	80	환승역	갈아타는 역

• 코로나19 관련 순화어

구분	순화 대상어	순화어	구분	순화 대상어	순화어
1	팬데믹	감염병 세계적 유행	12	엔(n)차감염	연쇄 감염, 연속 감염
2	에피데믹	감염병 유행	13	드라이브스루진료	승차 진료, 승차 검진, 차량 이동형 진료
3	글로브월	의료용 분리벽	14	비말	침방울
4	언택트서비스	비대면 서비스	15	진단키트	진단 도구 모음, 진단 도구 꾸러미
5	엔데믹	감염병 주기적 유행	16	의사환자	의심환자
6	트윈데믹	감염병 동시 유행	17	트래블버블	비격리 여행 권역, 여행 안전 권역
7	풀링검사	취합 선별 검사	18	코로나블루	코로나 우울
8	윈도스루검진	투명창 검진	19	코로나레드	코로나 분노
9	페이스실드	얼굴 가림막	20	코로나블랙	코로나 절망
10	스니즈가드	침방울 가림막	21	코로나쇼크, 코로나19쇼크	코로나충격
11	지표환자	첫 확진자	22	부스터숏, 부스터샷	추가접종

학습 점검 문제 II 국어 규범

[01~05] 다음 단어를 바르게 고치시오.

01 법썩

02 깍뚝이

03 닐리리

04 반짓고리

05 게수나무

[06~10] 밑줄 친 부분을 띄어쓰기에 맞게 고치시오.

06 그가 <u>올 듯도하다</u>.

07 <u>나무한그루가</u> 있다.

08 <u>아침겸점심을</u> 먹는다.

09 <u>사제간</u>의 정이 매우 깊구나.

10 <u>한 동네</u> 사람들이 그러면 되겠는가?

[11~13] 다음 단어를 바르게 고치시오.

11 솔직이

12 틈틈히

13 꼼꼼이

[14~17] 다음 단어의 준말을 쓰시오.

14 어제그저께

15 연구하도록

16 생각하건대

17 변변하지 않다

[18~20] 다음 문장의 문장 부호를 바르게 고치시오.

18 청소년은 국가의 "미래"이다.

19 커피[coffee]는 기호 식품이다.

20 우리 집 강아지가 가출(!)을 했어요.

정답

01 법석   02 깍두기   03 늴리리   04 반짇고리   05 계수나무   06 올 듯도 하다   07 나무 한 그루가
08 아침 겸 점심을   09 사제 간   10 한동네   11 솔직히   12 틈틈이   13 꼼꼼히   14 엊그저께   15 연구토록
16 생각건대   17 변변찮다   18 미래, 미래, '미래'   19 커피(coffee)   20 가출(?)

[21~30] 다음 문장의 띄어쓰기를 바르게 고치시오.

21 나는 법 대로 하겠어.

22 외출시에는 문단속을 잘해라.

23 영수도 영희 만큼 일을 잘한다.

24 너도 찔리는데가 있는 모양이네?

25 내일은 날씨가 추울 지도 모르겠다.

26 공부를 막 하려던차에 배가 아팠다.

27 나는 그 자리에서 어찌할바를 몰랐다.

28 그는 옷을 입은채 쓰러져 잠이 들었다.

29 빠른 시일내에 원상태로 복구하겠습니다.

30 감기에 걸렸다더니 얼굴이 많이 안 됐구나.

[31~40] 다음 문장의 틀린 표기를 찾아 맞춤법에 맞게 고치시오.

31 아연이는 키가 짤다랗다.

32 있다금씩 엄마 생각을 한다.

33 옛일을 어렴푸시 기억해 내다.

34 걷잡아도 일주일은 걸릴 일이다.

35 씁살한 맛이 나는 녹차를 좋아해.

36 머리를 싹뚝 잘랐다.

37 나무의 잎아리가 바람에 흔들렸다.

38 교실 곳곳을 샅사치 뒤져서 찾았다.

39 창훈이는 다음 달 사흘날에 결혼한다.

40 고양이는 그릇에 담긴 물만 핥작거렸다.

정답

21 법대로	22 외출 시에는	23 영희만큼	24 찔리는 데가	25 추울지도	26 하려던 차에	27 어찌할 바를
28 입은 채	29 시일 내에	30 안됐구나	31 짤따랗다	32 이따금씩	33 어렴풋이	34 걷잡아도
35 씁쌀한	36 싹둑	37 이파리	38 샅샅이	39 사흗날	40 할짝거렸다	

학습 점검 문제 II 국어 규범

[41~80] 다음 밑줄 친 단어를 표준어로 고치시오.

41 돋자리를 펴라.

42 벌러지가 너무 많다.

43 숫소가 튼실해 보인다.

44 또아리를 튼 뱀을 봤다.

45 삼춘, 거기서 뭐하세요?

46 저 아이 말뽄새를 봐라.

47 얌얌거리면서 잘도 먹네.

48 윗어른에게 공손해야 합니다.

49 친구에게 부줏돈을 전달했다.

50 아지랭이가 넘실대고 있었다.

51 숫당나귀를 타고 창원에 갔다.

52 웃도리에 지갑이 있을 것이다.

53 순이는 그 사람의 끄나불이다.

54 귀후비개가 어디 있는지 아니?

55 네가 합격하기를 진심으로 바래.

56 네 아들놈 참 실업의 아들이구나.

57 얼굴에 뽀두락지가 나서 아프다.

58 나도 그가 영판 싫은 것은 아니다.

59 허드랫일이라도 해야 할 상황이다.

60 철수는 집안의 재산을 떨어먹었다.

61 집 옆 담장에 담쟁이덩쿨이 있었다.

62 내일은 숫꿩을 잡아서 잔치를 하자.

63 남비가 너무 작아서 물이 넘치겠다.

64 허구헌 날 놀기만 하니 이를 어쩌냐.

65 펀뜻 생각해 보니 손해 본 느낌이다.

66 동네 어귀에는 미류나무가 서 있었다.

67 철수는 오뚜기같이 다시 일어설 것이다.

68 삼겹살은 상치에 싸서 먹어야 제맛이다.

69 잘못 걸려 온 전화가 벌써 스물두째이다.

70 아이를 크게 나무랬더니 마음이 좋지 않다.

71 모기가 물린 데를 자주 긁으면 짓물게 된다.

정답							
41 돗자리	42 벌레, 버러지	43 수소	44 똬리	45 삼촌	46 말본새	47 냠냠거리면서	48 웃어른
49 부좃돈	50 아지랑이	51 수탕나귀	52 윗도리	53 끄나풀	54 귀이개	55 바라	56 시러베아들
57 뾰두라지, 뾰루지		58 아주	59 허드렛일	60 털어먹었다	61 담쟁이넝쿨, 담쟁이덩굴		62 수꿩
63 냄비	64 허구한	65 언뜻	66 미루나무	67 오뚝이	68 상추	69 스물둘째	70 나무랐더니
71 짓무르게							

72 저녁 밥상에 알타리무가 나왔는데 맛있더라.

73 소꿉장난을 할 때는 으레 내가 장군이 되었다.

74 그 사람이 쓴 수필의 글구는 정말 감동적이야.

75 냇가에 어린 시절에 봤던 소금장이들이 있더라.

76 요즘 삭월세가 너무 올라서 집을 구하기 힘들다.

77 훤칠한 허위대에 넓적한 얼굴의 남자가 찾아왔다.

78 너희들끼리만 알지 말고 나한테도 귀뜸을 해 주라.

79 그렇게 장난치다가는 발목장이가 무사하지 못할 것이다.

80 너무 꽉 끼는 옷을 입은 너를 보니 남세우스러워서 어쩔 줄 모르겠다.

[81~90] 다음은 복수 표준어이다. 같은 의미의 표준어를 쓰시오.

81 딴청

82 입때

83 좀체

84 개숫물

85 푸줏간

86 쿠린내

87 장수벌

88 을러메다

89 기승부리다

90 거치적거리다

[91~100] 다음은 기존 표준어이다. 새로 추가된 별도 표준어를 쓰시오.

91 뜰

92 속병

93 딴죽

정답

72 총각무　73 으레　74 글귀　75 소금쟁이　76 사글세　77 허우대　78 귀띔　79 발목쟁이
80 남우세스러워서, 남사스러워서　81 딴전　82 여태　83 좀처럼　84 개수, 설거지물　85 고깃간　86 구린내
87 여왕벌　88 을러대다　89 기승떨다　90 거치대다　91 뜨락　92 속앓이　93 딴지

학습 점검 문제 II 국어 규범

94 연방

95 눈초리

96 괴발개발

97 야멸치다

98 떨어뜨리다

99 새치름하다

100 두루뭉술하다

[101~120] 다음 밑줄 친 부분을 외래어 표기에 맞게 고쳐 쓰시오.

101 바하

102 메론

103 부페

104 쟝르

105 케찹

106 타겟

107 컬럼

108 데이타

109 나이론

110 리더쉽

111 매니아

112 액센트

113 쥬라기

114 침팬치

115 가디건

116 스폰지

117 비지니스

118 요쿠르트

119 산타크로스

120 클라이막스

정답	94 연신	95 눈꼬리	96 개발새발	97 야멸차다	98 떨구다	99 새초롬하다	100 두리뭉실하다
	101 흐	102 멜	103 뷔	104 장	105 첩	106 깃	107 칼
	108 터	109 일	110 십	111 마	112 악	113 쥐	114 지
	115 카	116 펀	117 즈	118 구	119 클	120 맥	

[121~140] 다음 외래어를 표기에 맞게 고쳐 쓰시오.

121 뎃생

122 자켓

123 컨닝

124 케잌

125 팬더

126 플룻

127 넌센스

128 플래쉬

129 윈도우

130 렌트카

131 바베큐

132 화이팅

133 바디로션

134 가스렌지

135 컴플렉스

136 콘테이너

137 헐리우드

138 아이섀도우

139 네비게이션

140 프리젠테이션

정답

121 데생	122 재킷	123 커닝	124 케이크	125 판다	126 플루트	127 난센스
128 플래시	129 윈도	130 렌터카	131 바비큐	132 파이팅	133 보디로션	134 가스레인지
135 콤플렉스	136 컨테이너	137 할리우드	138 아이섀도	139 내비게이션	140 프레젠테이션	

학습 점검 문제 II 국어 규범

[141~150] 다음 단어를 로마자 표기법에 맞게 쓰시오.

141 울릉

142 별내

143 알약

144 샛별

145 월곶

146 설악

147 벚꽃

148 울산

149 낯지

150 볶음밥

[151~160] 다음 단어를 로마자 표기법에 맞게 쓰시오.

151 대관령

152 광희문

153 집현전

154 오죽헌

155 낙동강

156 극락전

157 왕십리

158 압구정

159 촉석루

160 충청북도

정답
141 Ulleung 142 Byeollae 143 allyak 144 saetbyeol 145 Wolgot 146 Seorak 147 beotkkot
148 Ulsan 149 nachi 150 bokkeumbap 151 Daegwallyeong 152 Gwanghuimun 153 Jiphyeonjeon
154 Ojukheon 155 Nakdonggang 156 Geungnakjeon 157 Wangsimni 158 Apgujeong 159 Chokseongnu
160 Chungcheongbuk-do

[161~166] 다음 문장의 밑줄 친 표현을 올바르게 수정하시오.

161 내가 의사 한 명 <u>소개시켜 줄게</u>.

162 나는 그녀를 볼 때마다 마음이 <u>설레였다</u>.

163 현대인들은 시간에 지나치게 <u>얽매어</u> 있다.

164 그 선생님은 국어를 <u>교육시키시는</u> 분이다.

165 <u>잊혀진</u> 역사를 복원하는 일은 후세를 위해 반드시 필요하다.

166 민수는 그 아이디어를 더욱 <u>발전해</u> 사내 문제를 해결하는 데 기여했다.

[167~186] 다음 문장의 밑줄 친 부분을 올바르게 수정하시오.

167 <u>한여름에는</u> 날씨가 푹하다.

168 그의 말은 결코 <u>거짓말이다</u>.

169 문제에 <u>알맞는</u> 답을 고르시오.

170 이 우유는 <u>맛과</u> 영양가가 높다.

171 아이들은 묵묵히 벽돌을 <u>날았다</u>.

172 설마 그녀가 부정행위를 <u>저질렀다</u>.

173 능력이 다르면 당연히 몫도 <u>다르다</u>.

174 저 깊은 산속이 <u>나의</u> 살던 고향이다.

175 여기에 <u>있던지 가던지</u> 마음대로 해라.

176 <u>연휴 기간 동안</u> 과자를 마음껏 먹었다.

177 오다가 가게에 <u>들려서</u> 계란 좀 사 오렴.

178 만약 내가 오지 <u>않아서</u> 너 먼저 떠나라.

179 이 책은 전문 서적치고 글의 내용이 <u>어렵다</u>.

180 정부는 농산물에 대한 무역 장벽을 <u>철회했다</u>.

정답

161 소개할게	162 설렜다	163 얽매여	164 교육하시는	165 잊힌	166 발전시켜	167 겨울인데도
168 거짓말이 아니다	169 알맞은	170 맛이 좋고	171 날랐다	172 저질렀을까?	173 달라야 한다	
174 내가	175 있든지 가든지	176 연휴 동안	177 들러서	178 않으면	179 쉽다	180 철폐했다

학습 점검 문제 II 국어 규범

181 그녀와 헤어진 후, 나는 날마다 술이 취해 지냈다.

182 집에 오자마자 그는 기름때에 절은 작업복을 벗었다.

183 한결같이 정다운 영희를 사랑하는 사람들이 많습니다.

184 영수는 철수에게 "나도 내일 수영장에 간다."고 말했다.

185 도산 안창호 선생은 교육자로써 후학들을 위해 헌신하셨다.

186 시민 단체는 환경오염 문제에 대해 정부에게 강력히 항의했다.

[187~193] 다음 문장의 밑줄 친 번역 투 표현을 올바르게 수정하시오.

187 그 괴물은 큰 눈을 갖고 있다.

188 동생으로부터 편지가 도착했다.

189 그의 작품은 이러한 주목에 값한다.

190 호랑이는 가장 위험한 육식 동물 중의 하나이다.

191 우리 학원은 강남역 근처에 위치하고 있습니다.

192 실습에 있어서 진지하게 임하는 것은 매우 중요하다.

193 현실을 고려에 넣는다면 그렇게 무리한 계획을 세워서는 안 된다.

정답
181 술에　182 전　183 정다운 영희를 한결같이　184 라고　185 교육자로서　186 정부에
187 눈이 크다　188 동생에게서　189 주목할 만하다　190 육식 동물이다　191 근처에 있습니다　192 실습에
193 고려한다면

[194~200] 다음 문장의 밑줄 친 부분을 언어 예절에 맞게 수정하시오.

194 (어른에게) 식사 드셨습니까?

195 (자기 아내를 소개하며) 제 부인입니다.

196 (친구에게) 오늘 어머니께 야단을 맞았어.

197 (교과서에서) 세종께서 훈민정음을 창제하셨다.

198 (점원이 손님에게) 전부 합쳐서 총 5만 원 되시겠습니다.

199 (친구 아버지께 자신을 소개하며) 저는 김해 김씨입니다.

200 (거래처 사람에게 자신을 소개하며) 저는 김철수 사장입니다.

정답
194 진지
195 집사람/안사람입니다
196 꾸중을 들었어
197 창제하였다
198 5만 원입니다
199 김가
200 사장 김철수입니다

확인
✓ 맞은 개수: ____/200
✗ 틀린 개수: ____/200

군무원 시험 전문 해커스군무원
army.Hackers.com

해커스군무원 신민숙 쉬운국어 **문법·어휘 한 권으로 끝**

III 어휘

30 한자 성어 ①

□ 잘 외워지지 않는 한자 성어는 박스에 체크하여 복습하세요.

□	苛斂誅求	**가렴주구** [가혹할 **가**, 거둘 **렴**, 벨 **주**, 구할 **구**] 세금을 가혹하게 거두어들이고, 무리하게 재물을 빼앗음
□	刻骨難忘	**각골난망** [새길 **각**, 뼈 **골**, 어려울 **난**, 잊을 **망**] 남에게 입은 은혜가 뼈에 새길 만큼 커서 잊히지 아니함
□	刻舟求劍	**각주구검** [새길 **각**, 배 **주**, 구할 **구**, 칼 **검**] 융통성 없이 현실에 맞지 않는 낡은 생각을 고집하는 어리석음을 이르는 말
□	甘呑苦吐	**감탄고토** [달 **감**, 삼킬 **탄**, 쓸 **고**, 토할 **토**] 달면 삼키고 쓰면 뱉는다는 뜻으로, 자신의 비위에 따라서 사리의 옳고 그름을 판단함을 이르는 말
□	見蚊拔劍	**견문발검** [볼 **견**, 모기 **문**, 뽑을 **발**, 칼 **검**] 모기를 보고 칼을 뺀다는 뜻으로, 사소한 일에 크게 성내어 덤빔을 이르는 말
□	口蜜腹劍	**구밀복검** [입 **구**, 꿀 **밀**, 배 **복**, 칼 **검**] 입에는 꿀이 있고 배 속에는 칼이 있다는 뜻으로, 말로는 친한 듯하나 속으로는 해칠 생각이 있음을 이르는 말
□	得隴望蜀	**득롱망촉** [얻을 **득**, 고개 이름 **롱**, 바랄 **망**, 나라 이름 **촉**] 농(隴)을 얻고서 촉(蜀)까지 취하고자 한다는 뜻으로, 만족할 줄을 모르고 계속 욕심을 부리는 경우를 비유적으로 이르는 말
□	羊頭狗肉	**양두구육** [양 **양**, 머리 **두**, 개 **구**, 고기 **육**] 양의 머리를 걸어 놓고 개고기를 판다는 뜻으로, 겉보기만 그럴듯하게 보이고 속은 변변하지 아니함을 이르는 말

31 한자 성어 ②

□ 잘 외워지지 않는 한자 성어는 박스에 체크하여 복습하세요.

□	螳螂拒轍	**당랑거철** [사마귀 당, 사마귀 랑, 막을 거, 바퀴 자국 철] 제 역량을 생각하지 않고, 강한 상대나 되지 않을 일에 덤벼드는 무모한 행동거지를 비유적으로 이르는 말
□	晩時之歎/嘆	**만시지탄** [늦을 만, 때 시, 갈 지, 탄식할 탄] 시기에 늦어 기회를 놓쳤음을 안타까워하는 탄식
□	亡羊補牢	**망양보뢰** [망할 망, 양 양, 기울 보, 우리 뢰] 양을 잃고 우리를 고친다는 뜻으로, 이미 어떤 일을 실패한 뒤에 뉘우쳐도 아무 소용이 없음을 이르는 말
□	亡羊之歎/嘆	**망양지탄** [망할 망, 양 양, 갈 지, 탄식할 탄] 갈림길이 매우 많아 잃어버린 양을 찾을 길이 없음을 탄식한다는 뜻으로, 학문의 길이 여러 갈래여서 한 갈래의 진리도 얻기 어려움을 이르는 말
□	望洋之歎/嘆	**망양지탄** [바랄 망, 큰 바다 양, 갈 지, 탄식할 탄] 큰 바다를 바라보며 하는 한탄이란 뜻으로, 어떤 일에 자기 자신의 힘이 미치지 못할 때에 하는 탄식을 이르는 말
□	麥秀之歎/嘆	**맥수지탄** [보리 맥, 빼어날 수, 갈 지, 탄식할 탄] 고국의 멸망을 한탄함을 이르는 말
□	不恥下問	**불치하문** [아닐 불, 부끄러울 치, 아래 하, 물을 문] 손아랫사람이나 지위나 학식이 자기만 못한 사람에게 모르는 것을 묻는 일을 부끄러워하지 아니함
□	髀肉之歎/嘆	**비육지탄** [넓적다리 비, 고기 육, 갈 지, 탄식할 탄] 재능을 발휘할 때를 얻지 못하여 헛되이 세월만 보내는 것을 한탄함을 이르는 말

32 혼동하기 쉬운 한자어

□ 잘 외워지지 않는 한자어는 박스에 체크하여 복습하세요.

☐	決裁	**결재** [결단할 결, 마를 재] 결정할 권한이 있는 상관이 부하가 제출한 안건을 검토하여 허가하거나 승인함 예 행사 기획안을 결재했다.
☐	決濟	**결제** [결단할 결, 건널 제] 증권 또는 대금을 주고받아 매매 당사자 사이의 거래 관계를 끝맺는 일 예 점심값을 카드로 결제하다.
☐	由來	**유래** [말미암을 유, 올 래] 사물이나 일이 생겨남. 또는 그 사물이나 일이 생겨난 바 예 이 책은 김치의 유래에 대해 설명하고 있다.
☐	類例	**유례** [무리 유, 법식 례] 1. 같거나 비슷한 예 예 그들의 잔혹한 통치 정책은 세계에서 유례를 찾기 힘든 것이다. 2. 이전부터 있었던 사례
☐	感想	**감상** [느낄 감, 생각 상] 마음속에서 일어나는 느낌이나 생각 예 그곳에서의 감상은 황량하다는 느낌뿐이었다.
☐	鑑賞	**감상** [거울 감, 상줄 상] 주로 예술 작품을 이해하여 즐기고 평가함 예 영화 감상 / 음악 감상
☐	校訂	**교정** [학교 교, 바로잡을 정] 남의 문장 또는 출판물의 잘못된 글자나 글귀 따위를 바르게 고침 예 교정 단계는 교재 출판 시 매우 중요하다.
☐	校庭	**교정** [학교 교, 뜰 정] 학교의 마당이나 운동장 예 어릴 적 교정에서 뛰어 놀던 추억이 떠올랐다.
☐	現象	**현상** [나타날 현, 코끼리 상] 인간이 지각할 수 있는, 사물의 모양과 상태 예 지구 온난화 현상
☐	現像	**현상** [나타날 현, 모양 상] 노출된 필름이나 인화지를 약품으로 처리하여 상이 나타나도록 함 예 사진 현상

33 꼭 알아야 할 한자어

☐ 잘 외워지지 않는 한자어는 박스에 체크하여 복습하세요.

	한자어	뜻
☐	觀察	**관찰** [볼 관, 살필 찰] 사물이나 현상을 주의하여 자세히 살펴봄
☐	規制	**규제** [법 규, 절제할 제] 규칙이나 규정에 의하여 일정한 한도를 정하거나 정한 한도를 넘지 못하게 막음
☐	論難	**논란** [논할 논, 어려울 란] 여럿이 서로 다른 주장을 내며 다툼
☐	辯論	**변론** [말씀 변, 논할 론] 1. 사리를 밝혀 옳고 그름을 따짐 2. 소송 당사자나 변호인이 법정에서 주장하거나 진술함. 또는 그런 주장이나 진술
☐	辨明	**변명** [분별할 변, 밝을 명] 1. 어떤 잘못이나 실수에 대하여 구실을 대며 그 까닭을 말함 2. 옳고 그름을 가려 사리를 밝힘
☐	遊說	**유세** [놀 유, 달랠 세] 자기 의견 또는 자기 소속 정당의 주장을 선전하며 돌아다님
☐	認識	**인식** [알 인, 알 식] 사물을 분별하고 판단하여 앎
☐	尊敬	**존경** [높을 존, 공경 경] 남의 인격, 사상, 행위 따위를 받들어 공경함
☐	指導	**지도** [가리킬 지, 인도할 도] 어떤 목적이나 방향으로 남을 가르쳐 이끎
☐	態度	**태도** [모습 태, 법도 도] 1. 몸의 동작이나 몸을 가누는 모양새 2. 어떤 일이나 상황 따위를 대하는 마음가짐. 또는 그 마음가짐이 드러난 자세 3. 어떤 일이나 상황 따위에 대해 취하는 입장
☐	未嘗不	**미상불** [아닐 미, 맛볼 상, 아닐 불] 아닌 게 아니라 과연
☐	賭只	**도지** [노름 도, 다만 지] 풍년이나 흉년에 관계없이 해마다 일정한 금액으로 정하여진 소작료

III. 어휘

34 표기상 틀리기 쉬운 어휘 ①

[01 ~ 20] 다음 중 올바른 표준어에 동그라미표 치시오.

01 (돌맹이, 돌멩이)를 던지다.

02 살림이 (단출하다, 단촐하다).

03 짬뽕 (곱배기, 곱빼기)로 주세요.

04 그가 내 (뒤꿈치, 뒷꿈치)를 밟았다.

05 눈 (덮힌, 덮인) 겨울 산은 아름답다.

06 오늘 화투는 (끝발, 끗발)이 영 안 서네.

07 자꾸 (깝치면, 깝죽거리면) 한 대 맞는다.

08 어머니는 나를 (나무라셨다, 나무래셨다).

09 재진이는 (넋두리, 넉두리)를 늘어놓았다.

10 매콤하게 (낙지볶음, 낚지볶음)을 만들었다.

11 그의 사인은 (뇌졸증, 뇌졸중)으로 밝혀졌다.

12 나는 (비로소, 비로서) 너의 사랑을 깨달았다.

13 (내노라하는, 내로라하는) 재주꾼이 다 모였다.

14 (누른밥, 눌은밥)밖에 없는데 이거라도 먹겠니?

15 (구레나룻, 구렛나루)은/는 남겨 달라고 했잖아요.

16 질문에 대한 답을 (곰곰이, 곰곰히) 생각해 보았다.

17 좋은 (명란젓, 명난젓)은 짜지 않고 감칠맛이 있다.

18 할머니는 (가자미식해, 가자미식혜)를 잘 담그신다.

19 (객쩍은, 객적은, 객없는) 소리 그만하고 밥이나 먹어라.

20 아이의 (뒤치다꺼리, 뒤치닥거리)를 하느라 하루가 짧다.

정답

01 돌멩이	02 단출하다	03 곱빼기	04 뒤꿈치	05 덮인
06 끗발	07 깝죽거리면	08 나무라셨다	09 넋두리	10 낙지볶음
11 뇌졸중	12 비로소	13 내로라하는	14 눌은밥	15 구레나룻
16 곰곰이	17 명란젓	18 가자미식해	19 객쩍은	20 뒤치다꺼리

III. 어휘

35 표기상 틀리기 쉬운 어휘 ②

[01~20] 다음 중 올바른 표준어에 동그라미표 치시오.

01 나는 (외토리, 외톨이)다.

02 (웬지, 왠지) 그럴 것 같았어.

03 (서슴치, 서슴지) 말고 대답해라.

04 (소맷귀, 소매귀)로 눈물을 닦았다.

05 그것은 영희의 책(이어요, 이예요).

06 구멍난 옷을 (짜집기, 짜깁기)했다.

07 (콧망울, 콧방울)을 벌름거리며 웃다.

08 (애달픈, 애닯은) 선율의 노래를 듣다.

09 (요컨대, 요컨데) 친구가 없다는 말이다.

10 단풍이 든 나뭇잎이 (새빨겋다, 새빨갛다).

11 뒷모습은 (할일없는, 하릴없는) 할머니였다.

12 그녀는 초콜릿이라면 (사죽, 사족)을 못 쓴다.

13 엄마는 (주야장천, 주야장창) 오빠 걱정뿐이다.

14 (정화수, 정안수)를 떠놓고 아버지의 건강을 빌었다.

15 빚을 갚지 못한 그 가족은 (야반도주, 야밤도주)했다.

16 매콤하게 볶은 (오돌뼈, 오도독뼈)를 안주로 술을 마셨다.

17 조카의 장난감 로봇을 (부서뜨리고, 부숴뜨리고) 말았다.

18 내 자식들에게 (해꼬지, 해코지)를 하면 용서하지 않겠다.

19 (임연수어, 이면수)는 부드러워 아이들도 잘 먹는 생선이다.

20 (옻닭, 옷닭, 옻닥)은 체질에 맞지 않으면 먹지 않는 것이 좋다.

정답

01 외톨이	02 왠지	03 서슴지	04 소맷귀	05 이어요
06 짜깁기	07 콧방울	08 애달픈	09 요컨대	10 새빨갛다
11 하릴없는	12 사족	13 주야장천	14 정화수	15 야반도주
16 오도독뼈	17 부서뜨리고	18 해코지	19 임연수어	20 옻닭

36 혼동하기 쉬운 어휘 ①

[01 ~ 10] 다음 중 문맥상 쓰임이 적절한 어휘에 동그라미표 치시오.

01 분노를 (삭이다, 삭히다).

02 안경 도수를 더 (돋구다, 돋우다).

03 눈이 부셔서 (햇볕, 햇빛)을 가리다.

04 대학가엔 축제가 (한참, 한창)이다.

05 고무줄을 (늘이다, 늘리다, 느리다).

06 겨울옷은 대부분 (두껍다, 두텁다).

07 과일을 사러 가게에 (들르다, 들리다).

08 건배로 치사를 (가름, 가늠, 갈음)하다.

09 김치 공장에서 배추를 (밭떼기, 밭뙈기)로 샀다.

10 먹다 남은 찌개에 물을 넣어서 한참을 (조리다, 졸이다).

정답

01 분노를 삭이다.
- 삭이다 1. 먹은 음식물을 소화하다.
  2. 긴장이나 화를 풀어 마음을 가라앉히다.
  [예] 분을 삭이다.
- 삭히다 김치나 젓갈 등의 음식물을 발효시켜 맛이 들게 하다.
  [예] 김치를 삭히다.

02 안경 도수를 더 돋구다.
- 돋구다 안경의 도수 등을 더 높게 하다.
  [예] 안경의 도수를 돋굴 때가 되었나 보다.
- 돋우다 1. 위로 끌어 올려 도드라지거나 높아지게 하다.
  [예] 호롱불의 심지를 돋우다.
  2. 밑을 괴거나 쌓아 올려 도드라지거나 높아지게 하다.
  [예] 벽돌을 돋우다.
  3. 정도를 더 높이다.
  [예] 스산한 나뭇잎 소리가 더욱 적막을 돋우었다.
  4. 입맛을 당기게 하다.
  [예] 싱그러운 봄나물이 입맛을 돋우었다.

03 눈이 부셔서 햇빛을 가리다.
- 햇빛 해의 빛 [예] 햇빛이 비치다.
- 햇볕 해가 내리쬐는 기운 [예] 따사로운 햇볕

04 대학가엔 축제가 한창이다.
- 한창 어떤 일이 가장 활기 있고 왕성하게 일어나는 때. 또는 어떤 상태가 가장 무르익은 때 [예] 공사가 한창인 아파트
- 한참 시간이 상당히 지나는 동안 [예] 한참 동안 기다리다.

05 고무줄을 늘이다.
- 늘이다 본디보다 더 길어지게 하다. [예] 고무줄을 늘이다.
- 늘리다 1. 물체의 넓이, 부피 등을 본디보다 커지게 하다.
  2. 수나 분량 등을 본디보다 많아지게 하거나 무게를 더 나가게 하다. [예] 학생 수를 늘리다.
- 느리다 1. 어떤 동작을 하는 데 걸리는 시간이 길다.
  [예] 행동이 느리다.
  2. 어떤 일이 이루어지는 과정이나 기간이 길다.

06 겨울옷은 대부분 두껍다.
- 두껍다 1. 두께가 보통의 정도보다 크다. [예] 두꺼운 이불
  2. 층을 이루는 사물의 높이나 집단의 규모가 보통의 정도보다 크다. [예] 선수층이 두껍다.
- 두텁다 신의, 믿음, 관계, 인정 등이 굳고 깊다.
  [예] 친분이 두텁다.

07 과일을 사러 가게에 들르다.
- 들르다 지나는 길에 잠깐 들어가 머무르다.
  [예] 친구 집에 들르다.
- 들리다 사람이나 동물의 감각 기관을 통해 소리가 알아차려지다.
  [예] 어디서 음악 소리가 들린다.

08 건배로 치사를 갈음하다.
- 갈음 다른 것으로 바꾸어 대신함
  [예] 저에 대한 소개는 첼로 연주로 갈음을 하겠습니다.
- 가름 1. 쪼개거나 나누어 따로따로 되게 하는 일
  2. 승부나 등수 등을 정하는 일
  [예] 이번 경기로 승부를 가름하겠습니다.
- 가늠 1. 목표나 기준에 맞고 안 맞음을 헤아려 봄. 또는 헤아려 보는 목표나 기준
  2. 사물을 어림잡아 헤아림
  [예] 그 건물의 높이가 가늠이 안 된다.

09 김치 공장에서 배추를 밭떼기로 샀다.
- 밭떼기 밭에서 나는 작물을 밭에 나 있는 채로 몽땅 사는 일
  [예] 배추를 밭떼기로 샀다.
- 밭뙈기 얼마 안 되는 자그마한 밭 [예] 손바닥만 한 밭뙈기에 농사를 지어 살아가는 형편이다.

10 먹다 남은 찌개에 물을 넣어서 한참을 졸이다.
- 졸이다 1. 찌개, 국, 한약 등의 물을 증발시켜 분량을 적어지게 하다.
  [예] 찌개를 졸이다.
  2. 속을 태우다시피 초조해하다.
- 조리다 양념을 한 고기나 생선, 채소 등을 국물에 넣고 바짝 끓여서 양념이 배어들게 하다. [예] 생선을 조리다.

37 혼동하기 쉬운 어휘 ②

[01 ~ 10] 다음 중 문맥상 쓰임이 적절한 어휘에 동그라미표 치시오.

01 얼굴은 진작부터 (아름, 알음)이 있었다.

02 이번에는 (반드시, 반듯이) 합격해야 한다.

03 나의 (바람, 바램)은 자유롭게 사는 것이다.

04 말린 사과 (껍데기, 껍질)로 차를 우려 마셨다.

05 동생이 새로 산 노트북을 (결단, 결딴)내 버렸다.

06 마을 입구 (고샷, 고샅)에 젊은 새댁이 서 있었다.

07 목련은 벌써 (봉오리, 봉우리)가 맺히기 시작했다.

08 그녀가 결혼을 한다는 소문이 (금새, 금세) 퍼졌다.

09 식당 앞의 대기 손님을 백 명으로 (걷잡다, 겉잡다).

10 상황이 좋지 않게 흘러가더니만 결국 (사단, 사달)이 났다.

정답

01 얼굴은 진작부터 알음이 있다.
- 알음 │ 사람끼리 서로 아는 일
  - 예 그와는 서로 알음이 있는 사이다.
- 아름 │ 두 팔을 둥글게 모아서 만든 둘레
  - 예 두 아름 가까이 되는 느티나무

02 이번에는 반드시 합격해야 한다.
- 반드시 │ 틀림없이 꼭 예 언행은 반드시 일치해야 한다.
- 반듯이 │ 1. 작은 물체, 또는 생각이나 행동 등이 비뚤어지거나 기울거나 굽지 않고 바르게
  - 2. 생김새가 아담하고 말끔하게
  - 예 차는 반듯이 나 있는 길을 빠른 속도로 달렸다.

03 나의 바람은 자유롭게 사는 것이다.
- 바라다 │ 소망하다. 예 그의 성공을 바라다.
- 바래다 │ 1. 볕이나 습기를 받아 색이 변하다.
  - 예 햇빛에 옷 색깔이 바래다.
  - 2. 가는 사람을 일정한 곳까지 배웅하거나 바라보다.
  - 예 친구를 집까지 바래다주었다.

04 말린 사과 껍질로 차를 우려 마셨다.
- 껍질 │ 물체의 겉을 싸고 있는 단단하지 않은 물질
  - 예 이 사과는 껍질이 너무 두껍다.
- 껍데기 │ 달걀이나 조개 등의 겉을 싸고 있는 단단한 물질
  - 예 돌에 굴 껍데기가 따닥따닥 붙어 있다.

05 동생이 새로 산 노트북을 결딴내 버렸다.
- 결딴 │ 1. 어떤 일이나 물건 등이 아주 망가져서 도무지 손을 쓸 수 없게 된 상태
  - 2. 살림이 망하여 거덜 난 상태
  - 예 이젠 집안을 아주 결딴을 내려고 하는군.
- 결단 │ 결정적인 판단을 하거나 단정을 내림. 또는 그런 판단이나 단정 예 결단을 내리다.

06 마을 입구 고샅에 젊은 새댁이 서 있었다.
- 고샅 │ 시골 마을의 좁은 골목길. 또는 골목 사이
  - 예 마을 고샅으로 접어드는 길
- 고삿 │ 초가지붕을 일 때 쓰는 새끼
  - 예 지붕이 튼튼하려면 고삿을 단단히 엮어야 한다.

07 목련은 벌써 봉오리가 맺히기 시작했다.
- 봉오리 │ 망울만 맺히고 아직 피지 않은 꽃 예 봉오리가 맺히다.
- 봉우리 │ 산에서 뾰족하게 높이 솟은 부분
  - 예 산의 제일 높은 봉우리에 오르다.

08 그녀가 결혼을 한다는 소문이 금세 퍼졌다.
- 금세 │ 지금 바로. '금시에'가 줄어든 말로 구어체에서 많이 사용된다. 예 소문이 금세 퍼졌다.
- 금새 │ 물건의 값. 또는 물건값의 비싸고 싼 정도
  - 예 시세대로 금새를 쳐 주면 당장이라도 팔겠다.

09 식당 앞의 대기 손님을 백 명으로 겉잡다.
- 겉잡다 │ 겉으로 보고 대강 짐작하여 헤아리다.
  - 예 예산을 대충 겉잡아서 말하지 말고 잘 뽑아 보시오.
- 걷잡다 │ 한 방향으로 치우쳐 흘러가는 형세 등을 붙들어 잡다.
  - 예 걷잡을 수 없는 사태

10 상황이 좋지 않게 흘러가더니만 결국 사달이 났다.
- 사달 │ 사고나 탈
  - 예 일이 꺼림칙하게 되어 가더니만 결국 사달이 났다.
- 사단 │ 사건의 단서. 또는 일의 실마리
  - 예 사건의 사단을 알 수가 없다.

38 혼동하기 쉬운 어휘 ③

[01~10] 다음 중 문맥상 쓰임이 적절한 어휘에 동그라미표 치시오.

01   대구를 (거쳐, 걷혀) 부산으로 향했다.

02   너는 너의 형과 얼굴이 (틀리구나, 다르구나).

03   동생에게 책을 가져 오라고 (식혔다, 시켰다).

04   중간고사 준비를 하느라 밤을 (세웠다, 새웠다).

05   너무 오래 앉아 있었더니 다리가 (저리다, 절이다).

06   어머니가 저녁 식사 후에 그릇을 (부시다, 부수다).

07   그들도 (어느, 여느) 가족들처럼 정다운 집안이었다.

08   그 일은 생각했던 것보다 (시간, 시각)이 많이 걸렸다.

09   나는 오늘 지연이의 생일을 (잊어버렸다, 잃어버렸다).

10   그녀는 부모를 일찍 (여위고, 여의고) 쓸쓸하게 자랐다.

정답

01 대구를 거쳐 부산으로 향했다.
- **거치다**
  1. 오가는 도중에 어디를 지나거나 들르다.
  2. 어떤 과정이나 단계를 겪거나 밟다.
     예) 초등학교부터 중학교, 고등학교를 거쳐 대학에 입학하게 된다.
- **걷히다**
  1. 구름이나 안개 따위가 흩어져 없어지다.
  2. 늘어진 것이 말아 올려지다. 예) 그물이 걷히다.

02 너는 너의 형과 얼굴이 다르구나.
- **다르다**
  1. 비교가 되는 두 대상이 서로 같지 아니하다.
     예) 아들이 아버지와 얼굴이 다르다.
  2. 보통의 것보다 두드러진 데가 있다.
     예) 고장이 난 곳을 금방 고치다니 기술자는 역시 다르다.
- **틀리다**
  1. 셈이나 사실 따위가 그르게 되거나 어긋나다.
     예) 계산이 틀리다.
  2. 바라거나 하려는 일이 순조롭게 되지 못하다.
     예) 오늘 이 일을 다 끝내기는 틀렸다.

03 동생에게 책을 가져 오라고 시켰다.
- **시키다** 어떤 일이나 행동을 하게 하다.
  예) 선생님은 지각한 학생들에게 청소를 시키셨다.
- **식히다** 더운 기를 없애다. 예) 끓인 물을 식히다.

04 중간고사 준비를 하느라 밤을 새웠다.
- **새우다** 한숨도 자지 아니하고 밤을 지내다.
  예) 공부를 하느라고 밤을 새우다.
- **세우다**
  1. 몸이나 몸의 일부를 곧게 펴게 하거나 일어서게 하다.
     예) 몸을 바짝 세우다.
  2. 처져 있던 것을 똑바로 위를 향하여 곧게 하다.
     예) 대비책을 세우다.

05 너무 오래 앉아 있었더니 다리가 저리다.
- **저리다**
  1. 뼈마디나 몸의 일부가 오래 눌려서 피가 잘 통하지 못하여 감각이 둔하고 아리다.
  2. 가슴이나 마음 따위가 못 견딜 정도로 아프다.
     예) 그녀에 대한 그리움으로 가슴이 저리다.
- **절이다** 푸성귀나 생선 따위를 소금기나 식초, 설탕 따위에 담가 간이 배어들게 하다. 예) 배추를 소금물에 절이다.

06 어머니가 저녁 식사 후에 그릇을 부시다.
- **부시다** 그릇 따위를 씻어 깨끗하게 하다.
  예) 간식을 먹은 그릇은 깨끗이 부셔 놓아라.
- **부수다**
  1. 단단한 물체를 여러 조각이 나게 두드려 깨뜨리다.
     예) 돌을 잘게 부수다.
  2. 만들어진 물건을 두드리거나 깨뜨려 못 쓰게 만들다.
     예) 문을 부수다.

07 그들도 여느 가족들처럼 정다운 집안이었다.
- **여느** 그 밖의 예사로운. 또는 다른 보통의.
  예) 오늘은 여느 때와 달리 조금 늦게 일어났다.
- **어느**
  1. 둘 이상의 것 가운데 대상이 되는 것이 무엇인지 물을 때 쓰는 말 예) 그는 어느 쪽으로 도망갔습니까?
  2. 둘 이상의 것 가운데 똑똑히 모르거나 꼭 집어 말할 필요가 없는 막연한 사람이나 사물을 이를 때 쓰는 말
     예) 눈이 내리던 어느 겨울 저녁이었다.

08 그 일은 생각했던 것보다 시간이 많이 걸렸다.
- **시간**
  1. 어떤 시각에서 어떤 시각까지의 사이
     예) 영화를 보면서 시간을 보내다.
  2. 시간의 어느 한 시점 예) 약속 시간을 지키다.
- **시각**
  1. 시간의 어느 한 시점
     예) 약속한 시각에 맞추어 그곳에 가야 한다.
  2. 짧은 시간 예) 시각을 다투는 일.

09 나는 오늘 지연이의 생일을 잊어버렸다.
- **잊어버리다** 한번 알았던 것을 모두 기억하지 못하거나 전혀 기억하여 내지 못하다.
  예) 학교 졸업한 지 오래되어서 배운 것들을 다 잊어버렸다.
- **잃어버리다** 가졌던 물건이 자신도 모르게 없어져 그것을 아주 갖지 아니하게 되다. 예) 길에서 돈을 잃어버리다.

10 그녀는 부모를 일찍 여의고 쓸쓸하게 자랐다.
- **여의다**
  1. 부모나 사랑하는 사람이 죽어서 이별하다.
  2. 딸을 시집보내다. 예) 막내딸을 여의다.
- **여위다** 몸의 살이 빠져 파리하게 되다.
  예) 오래 아파서인지 얼굴이 홀쭉하게 여위었다.

III. 어휘

39 고유어

☐ 잘 외워지지 않는 고유어는 박스에 체크하여 복습하세요.

☐ 골막하다	담긴 것이 가득 차지 아니하고 조금 모자란 듯하다. 예 딸기가 바구니에 골막하게 담겨 있다.
☐ 곰삭다	1. 젓갈 따위가 오래되어서 푹 삭다. 2. 두 사람의 사이가 스스럼없이 가까워지다. 예 그는 어느덧 그녀와 매우 곰삭은 사이가 되어 있었다.
☐ 늡늡하다	성격이 너그럽고 활달하다. 예 그는 보기와 달리 늡늡한 사람이다.
☐ 동뜨다	다른 것들보다 훨씬 뛰어나다. 예 그는 동뜬 힘을 가진 장사다.
☐ 머줍다	동작이 둔하고 느리다. 예 초보자라서 일하는 것이 좀 머줍다.
☐ 무람없다	예의를 지키지 않으며 삼가고 조심하는 것이 없다. 예 어른들 앞에서 무람없이 굴던 동생은 결국 혼이 났다.
☐ 바투	1. 두 대상이나 물체의 사이가 썩 가깝게 예 두 나무는 바투 심겨 있다. 2. 시간이나 길이가 아주 짧게 예 머리를 바투 깎다.
☐ 비나리치다	남의 환심을 사기 위해 아첨하다. 예 그는 상사에게 열심히 비나리쳤지만, 이번에도 승진에 실패했다.
☐ 사위스럽다	마음에 불길한 느낌이 들고 꺼림칙하다. 예 어쩐지 사위스러운 기분이 드니 오늘은 나가지 마라.
☐ 새살거리다	샐샐 웃으면서 재미있게 자꾸 지껄이다. 예 아이들은 저들끼리 쉬지 않고 새살거렸다.
☐ 슬겁다	1. 집이나 세간 따위가 겉으로 보기다는 속이 꽤 너르다. 예 작은 집이지만 안은 꽤 슬겁다. 2. 마음씨가 너그럽고 미덥다. 예 그는 슬거운 마음을 지녀 모두가 좋아한다.

☐	**시망스럽다**	몹시 짓궂은 데가 있다. 예 어린아이들의 행동은 시망스러운 구석이 있다.
☐	**안다미로**	담은 것이 그릇에 넘치도록 많이 예 형은 며칠 굶은 듯 밥을 안다미로 퍼 먹었다.
☐	**암팡지다**	몸은 작아도 힘차고 다부지다. 예 꼬마는 엄마가 하는 말에 암팡지게 대꾸를 했다.
☐	**음전하다**	말이나 행동이 곱고 우아하다. 또는 얌전하고 점잖다. 예 그녀는 항상 음전한 모습이었다.
☐	**자리끼**	밤에 자다가 마시기 위하여 잠자리의 머리맡에 준비하여 두는 물 예 목이 타서 자리끼를 들이켰다.
☐	**징건하다**	먹은 것이 잘 소화되지 아니하여 더부룩하고 그득한 느낌이 있다. 예 속이 징건하여 소화제를 먹었다.
☐	**투미하다**	어리석고 둔하다. 예 그는 남들이 말을 붙여 보아도 돌미륵같이 투미해서 답답하기 짝이 없다.

Ⅲ. 어휘

관용 표현

1. 속담

☐ 잘 외워지지 않는 관용 표현은 박스에 체크하여 복습하세요.

☐	굽은 나무가 선산을 지킨다	자손이 빈한해지면 선산의 나무까지 팔아 버리나 줄기가 굽어 쓸모없는 것은 그대로 남게 된다는 뜻으로, 쓸모없어 보이는 것이 도리어 제구실을 하게 됨을 비유적으로 이르는 말
☐	급하면 바늘허리에 실 매어 쓸까	일에는 일정한 순서가 있고 때가 있는 것이므로, 아무리 급해도 순서를 밟아서 일해야 함을 비유적으로 이르는 말
☐	까마귀 날자 배 떨어진다	아무 관계 없이 한 일이 공교롭게도 때가 같아 어떤 관계가 있는 것처럼 의심을 받게 됨을 비유적으로 이르는 말
☐	나는 바담 풍(風) 해도 너는 바람 풍 해라	옛날 어느 서당에서 선생님이 '바람 풍(風)' 자를 가르치는데 혀가 짧아서 '바담 풍'으로 발음하니 학생들도 '바담 풍'으로 외운 데서 나온 말로, 자신은 잘못된 행동을 하면서 남보고는 잘하라고 요구하는 말
☐	남의 말이라면 쌍지팡이 짚고 나선다	남의 허물에 대하여 시비하기를 좋아하는 사람을 비유적으로 이르는 말
☐	느릿느릿(드문드문) 걸어도 황소걸음	속도는 느리나 오히려 믿음직스럽고 알차다는 말
☐	드는 돌에 낯 붉는다	힘들여 무거운 돌을 들고 나야 낯이 붉어진다는 뜻으로, 무슨 일이나 결과가 있으면 반드시 그 원인이 있음을 비유적으로 이르는 말
☐	뚝배기보다 장맛이 좋다	겉모양은 보잘것없으나 내용은 훨씬 훌륭함을 이르는 말
☐	마당 벌어진 데 웬 솔뿌리 걱정	마당이 벌어졌는데 그릇이 터졌을 때 필요한 솔뿌리를 걱정한다는 뜻으로, 당치도 아니한 것으로 사건을 수습하려 하는 어리석음을 비웃는 말
☐	말 많은 집은 장맛도 쓰다	1. 집안에 잔말이 많으면 살림이 잘 안된다는 말 2. 입으로는 그럴듯하게 말하지만 실상은 좋지 못하다는 말
☐	망건 쓰고 세수한다	세수를 하고 머리를 빗고 그다음에 망건을 쓰는 법인데 망건을 먼저 쓰고 세수를 한다는 뜻으로, 일의 순서를 바꾸어 함을 놀림조로 이르는 말
☐	입추의 여지가 없다	송곳 끝도 세울 수 없을 정도라는 뜻으로, 발 들여놓을 데가 없을 정도로 많은 사람들이 꽉 들어찬 경우를 비유적으로 이르는 말
☐	책력을 보아 가며 밥 먹는다	매일 밥을 먹을 수가 없어 책력을 보아 가며 좋은 날만을 택하여 밥을 먹는다는 뜻으로, 가난하여 끼니를 자주 거른다는 말

2. 관용구

☐	귀가 질기다	1. 둔하여 남의 말을 잘 이해하지 못하다. 2. 말을 싹싹하게 잘 듣지 않고 끈덕지다.
☐	눈에 밟히다	잊히지 않고 자꾸 눈에 떠오르다.
☐	말소리를 입에 넣다	다른 사람에게 들리지 아니하도록 중얼중얼 낮은 목소리로 말하다.
☐	발이 짧다	먹는 자리에 남들이 다 먹은 뒤에 나타나다.
☐	손이 재다	일 처리가 빠르다.
☐	얼굴이 꽹과리 같다	사람이 염치가 없고 뻔뻔스럽다.
☐	오금이 쑤시다	무슨 일을 하고 싶어 가만히 있지 못하다.
☐	오지랖(이) 넓다	1. 쓸데없이 지나치게 아무 일에나 참견하는 면이 있다. 2. 염치없이 행동하는 면이 있다.
☐	입이 되다	맛있는 음식만 먹으려고 하는 버릇이 있어 음식에 매우 까다롭다.
☐	잔뼈가 굵다	오랜 기간 일정한 곳이나 직장에서 일을 하여 그 일에 익숙하다.
☐	코가 빠지다	근심에 싸여 기가 죽고 맥이 빠지다.
☐	코를 떼다	무안을 당하거나 핀잔을 맞다.
☐	홍역(을) 치르다	몹시 애를 먹거나 어려움을 겪다.
☐	흰 눈으로 보다	업신여기거나 못마땅하게 여기다.

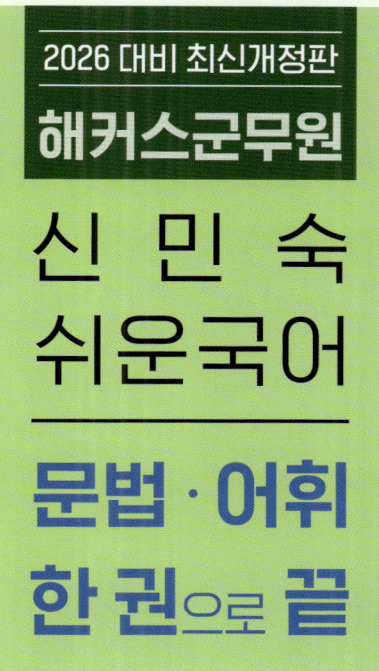

개정 5판 2쇄 발행 2025년 11월 17일
개정 5판 1쇄 발행 2025년 8월 26일

지은이	신민숙
펴낸곳	해커스패스
펴낸이	해커스군무원 출판팀
주소	서울특별시 강남구 강남대로 428 해커스군무원
고객센터	1588-4055
교재 관련 문의	gosi@hackerspass.com
	해커스군무원 사이트(army.Hackers.com) 교재 Q&A 게시판
	카카오톡 채널 [해커스공무원 노량진캠퍼스]
학원 강의 및 동영상강의	army.Hackers.com
ISBN	979-11-7404-383-2 (13710)
Serial Number	05-02-01

저작권자 ⓒ 2025, 신민숙
이 책의 모든 내용, 이미지, 디자인, 편집 형태는 저작권법에 의해 보호받고 있습니다.
서면에 의한 저자와 출판사의 허락 없이 내용의 일부 혹은 전부를 인용, 발췌하거나 복제, 배포할 수 없습니다.
이 책의 내용 중 일부는 국립국어원이 제공하는 '표준국어대사전', '한국어 어문 규범'을 참고하였습니다.

군무원 1위,
해커스군무원 army.Hackers.com

해커스군무원

- 해커스공무원 국어 7년 연속 1위 신민숙 선생님의 본 교재 인강(할인쿠폰 수록)
- 군무원 국어 무료 특강, 1:1 맞춤 컨설팅, 합격수기 등 군무원 시험 합격을 위한 다양한 학습 콘텐츠
- 필수어휘와 사자성어를 편리하게 학습할 수 있는 해커스 매일국어 어플

[군무원 1위] 한경비즈니스 2024 한국품질만족도 교육(온·오프라인 군무원학원) 1위
[해커스공무원 국어 7년 연속 1위] 해커스공무원 국어 온라인 단과 강좌 매출액 기준 (2018.01.01.~2024.12.31.)